동네 1등 학원 만드는 온라인 마케팅의 모든 것

그래서
학원 마케팅

그래서노벰버 **지음**

그래서 학원 마케팅

1판 1쇄 발행 2022년 3월 25일
1판 5쇄 발행 2023년 11월 10일

지은이 그래서노벰버

발행인 김영대
펴낸 곳 대경북스
등록번호 제 1-1003호
주소 서울시 강동구 천중로42길 45(길동 379-15) 2F
전화 (02)485-1988, 485-2586~87
팩스 (02)485-1488
홈페이지 http://www.dkbooks.co.kr
e-mail dkbooks@chol.com

ISBN 978-89-5676-891-5

프/롤/로/그

새 원장님들이 생겨나고 있습니다. 매해, 매
달, 매주, 내 사업을 시작하려는 열의에 찬 원장
님들이요. 하지만 현실은 녹록치 않습니다. 공부
방이든, 교습소든, 학원이든, 가르치는 것이야
자신이 있어 창업을 하려는데, 결국 홍보 마케팅이 나를 심히 불편
하게 합니다.

어디서부터 무엇을 어떻게 시작해야 할지 모르겠다는 분들이 참
많아요. 그런데 그건 당연한 겁니다. 알아가면 됩니다. 단 시행착오
를 겪어가며 어렵게 알아갈 것이냐, 아니면 좀더 효율적으로 알아갈
것이냐 그 차이가 있을 뿐입니다.

솔깃한 이야기를 하는 대행사에 의뢰하였다가 대가를 치르고도
성과가 나오지 않아 처음부터 곤욕을 겪는 원장님들도 봅니다. 물론
모든 대행사가 그렇다는 것은 아니에요. 아마 그들도 최선을 다했지
만 성과가 안 나온 걸 수도 있습니다. 학원이나 교육 시장에 대한 이
해 없이 그냥 해 온 대로 해서 결과가 나오지 않았을 수도 있습니다.

원래 일이 그래요. 잘 안 되면 사기 맞았다고 느낄 겁니다. 돈은 지불했는데, 그에 대한 결과가 따르지 않으니까요.

원장님께서는 학원의 성공에 가장 중요한 게 무엇이라 생각하세요?

보통은 서비스나 제품은 품질이라고 하죠? 아마 대다수의 원장님들 역시 '교육'이라 생각할 수 있어요. 그런데 제가 만난 원장님 한 분은 아주 흥미로운 답변을 주셨어요. 그리고 본인이 그 믿음대로 행동에 옮기고 계셨어요.

"첫째, 시장이 좋아야 해요. 둘째, 마케팅입니다. 요즘 같은 시대, 교육의 질은 모두 상향 평준화되어 있거든요. 시장성과 마케팅이 성공을 가를 거예요."

그분이 제게 한 이야기입니다. 누군가는 이에 동조할 수도 있고, 다른 이는 동조하지 않을 수도 있습니다. 모두가 보는 관점이 다르니까요. 이 답변을 한 원장님은 타겟 아이들의 인구분포를 조사해 생판 모르는 새로운 지역에 학원을 오픈했고, 누구보다도 더 마케팅을 열심히 공부하며 실천하고 있어요.

결과는 어떻냐구요? 속된 말로 그 지역을 씹어 드시고 계십니다. 너무나 즐겁게 학원을 운영하고 계세요.

마케팅 책을 추천해 달라는 요청을 받았어요.

저는 수강생을 필요로 하는 원장님들 대상으
로 마케팅을 강의하고 코칭하는 '그래서노벰버'
라고 합니다. 종종 마케팅 책에 대한 질문을 받아
요. 좋은 마케팅 책은 무척 많아요. 매해 새로운
책들이 쏟아지고 있어요. 통역사가 되기 위해 영어를 공부하는 것과
외국 여행 가서 생존과 소통을 위해 영어를 배우는 것은 접근도 다
르고 깊이도 다를 겁니다. 공부하고자 하는 목적에 따라 완전히 다
를 거예요. 누구에게는 유용한 정보가 누구에게는 전혀 쓸모가 없을
수도 있습니다.

마찬가지로 원장님마다도 마케팅을 공부하고자 하는 니즈(needs)
가 다를 겁니다. 내 학원 운영을 위해 본인이 마케팅 공부를 하고자
한다면 어디를 채워야 할지 알아야 하며, 그걸 알기 위해서는 전체
를 볼 줄 아는 혜안이 필요합니다.

딱 쉽게 접근하는 원장님을 위한 마케팅 안내서?

한 분야에 집중된 깊이 있는 내용을 원하신다면 이 책은 적합하
지 않습니다. 전체를 볼 수 있도록 학원 온라인 마케팅에 관련된 모
든 것을 담으려고 했기 때문입니다. 이 책은 학원 마케팅이라는 커
다란 숲을 볼 수 있게 해 줄 책입니다. 딱 원장님을 위한 커다란 마

케팅 지도가 있었으면 좋겠다는 생각이 들었어요. 전체 지도를 보면 내가 어디에 서 있고, 어디로 가야 할지 알잖아요. 거기에 내가 가야 할 목적지에 맞는 내비게이션까지 같이 있다면 더 좋겠죠? 그래서 기획하고 준비한 책입니다.

　이 책을 통해 모든 학원 온라인 마케팅을 섭렵할 수는 없겠지만, 그 시작을 위한 마중물은 충분히 될 겁니다.

　마케팅을 즐겁게 이해하기 위한 원장님용 내비게이션

　이 책은요, 엉뚱한 곳에서 삽질할지 모를 원  장님의 안타까운 상황을 미연에 방지하고, 이 왕 해야 할 온라인 마케팅을 즐겁게 이해할 수 있도록 해 주는 책입니다. 이 책을 통해 원장님 께서 딱 알아야 할 온라인 마케팅 시장에 대한 감을 잡아 드리려고 해요. 감을 잡았다면, 그때부터는 본인에 맞는 추가적인 학습과 시도가 병행되어야 할 거예요. 그렇다면 어느새 온 라인 마케팅이 즐거워질 겁니다.

　동네 1등 학원 만드는 온라인 마케팅의 모든 것!
　지금부터 풀어 드리겠습니다.

차/례

제4장 콘텐츠 마케팅의 힘

제5장 내 시간을 벌어주는 마케팅 도구들

제1장

학원 마케팅
뭐부터 할까요?

이 장에서는 학원을 성장시키는 데 온라인 마케팅이 왜 중요한지 알아보고, 동네 1등 학원 만드는 온라인 마케팅 로드맵을 소개합니다.

첫 번째 만남 :
도지나 원장의 사정

"정말 잘 해내고 싶었어요. 학원을 인수하기까지 두 달 동안 얼마나 꼼꼼히 살펴보고 조사를 했는데요. 그런데 어떻게 이런 일이 제게 일어날 수가 있죠? 가슴과 손발이 떨려서 새벽 3시에 잠이 저절로 깨요. 무언가 해야 할 텐데, 뭘 어디서부터 어떻게 시작해야 할지 모르겠어요.

매일같이 아이들은 후두둑 떨어져 나가고, 학부모들은 '저 원장이 뭘 할 수나 있겠어?'라며 의심의 눈초리를 보내요. 지금 제가 할 수 있는 게 없어요.

제가 상상했던 시작은 이런 게 아니었어요. 잘 운영되는 영수 학원 하나 인수해서, 거기에 국어 과목 추가하면 모든 게 완벽할 거라 생각했어요. 국어 과목 추가는 둘째 치고, 영수 과목마저 흔들리면서 학원은

위기를 맞고 있어요. 제가 여기서 뭘 할 수 있죠? 어떻게 해야 할까요? 텅빈 교실이 점점 늘어나고 있어요. 잠도 오지 않고, 밥맛도 없어요. 매일 걸려오는 전화는 상담 전화가 아니라 "그만 다닐께요."하는 퇴원 전화에요. 저 이제 어떡하죠?"

도지나 원장은 대화 내내 목소리가 떨렸다. 그녀의 손은 테이블 위에 있었지만, 불안한지 계속해서 가만히 있지 않았다. 어디서부터 어떻게 시작해야 할까? 누구나의 시작은 다들 나름대로의 사정이 있다. 하지만 도지나 원장의 사정을 듣는 나도 가슴이 답답했다. 듣는 내내 '왜 그러셨어요?'라고 묻고 싶었지만, 소용 없는 질문이었다. 이미 벌어진 일이니까.

국어강사인 도지나 원장은 가르치는 것도 자신 있었고, 강의하던 학원에서의 실적도 좋았다. 자신의 학원 사업을 제대로 하고 싶다는 의욕도 있었다. 그게 문제였을까? 첫 경험이라면 작고 단단하게, 그리고 때로는 깨지는 경험도 해 가며 시장을 배우고 성장했어야 했는데, 욕심이 앞섰나 보다. 덜컥 100평 규모의 영수 학원을 인수해 버린 것이다. 나름의 이유는 있었다.

그녀의 시작은 나쁘지 않았다. 오히려 장미빛 미래를 그리게 했다.

본인 사업을 시작하고 싶다는 생각이 미친 듯이 들 때 때마침 욕심나는 학원이 매물로 나왔다는 소식을 접했다. 학원 위치와 인테리어도 너무 마음에 들었고, 운영도 잘 되던 곳이었다. 그 학원 원장 말이 이미 시스템을 갖추고 있어 강사 선생님들만으로도 학원이 충분히 잘 돌아간다고 했다. 베테랑 강사분들이라 내 학원처럼 도지나 원장님을 도와 잘 운영하실 거라 했다. 자신의 손을 꼭 부여잡고 잘 해내실거라 잡아주던 따뜻한 손의 촉감마저도 여전히 생생히 기억하고 있었다.

국어 강사였던 내가 영수 학원을 잘 운영할 수 있을까란 의구심도 들었지만, 이미 영수 학원으로 잘 자리잡아 운영되고 있으니 그 위에 내 전문 과목인 국어를 붙이면 금상첨화라고 생각했다. 그리고 덜컥 계약을 했다.

이제는 도 원장이 구상하던 대로 학원 운영만 하면 되었다. 그런데 이건 뭔가 잘못되어도 한참 잘못되었다. 학원 인수 계약을 하고, 드디어 출근하자 그 다음 주부터 수학 강사가 출근하지 않았다. 그리고 영어 강사는 이번 달까지만 근무하겠다는 통보를 해 왔다. 이유를 물어봤지만 제대로 답변도 해 주지 않았다. 이게 전부가 아니다. 원장이 바뀌었다는 이야기를 듣자, 학부모들의 확인 연락이 쏟아졌고, 하나둘씩 퇴원하겠다는 말과 함께 아이들이 떨어져 나갔다. 100명의 학원생이

30명대로 떨어지기까지는 그다지 많은 시간이 소요되지 않았다.

"인수를 결정하기 위해 검토할 때는 몰랐어요. 인수하고 나서 보니 알겠더라구요. 강사와 시스템으로 운영되는 학원이 아니라, 이전 원장의 능력으로 학부모들 마음을 사서 운영되던 곳이라는 것을요. 학부모들이 대놓고 그 이야기를 하더라구요. 원래 그 학원이 전 원장 혼자서 교습소로 운영을 하다가 점차 동네에서 인정받고 하나둘씩 키워낸 그런 곳이더라구요. 다니던 아이들도 1년, 2년 다닌 아이들이 아니었어요. 그런 원장이 바뀌었다고 하니, 학원에 대해 곧바로 의구심을 갖기 시작했어요.

그들은 원장을 믿고 아이를 학원에 보냈는데, 그 원장이 사라지니 더 이상 이 학원에 믿음을 갖지 못하게 된 거죠. 혹은 그간의 관계 때문에 계속 보냈는데 이때다 싶었을 수도 있고요. 거기에 저는 초보 원장이라 어리버리해서 이 상황을 어떻게 헤쳐나가야 할지도 모른 상태로, 이렇게 벌써 한 달이라는 시간이 흘렀어요. 영어 강사도 구해야 하는데, 구해지지도 않아요. 가슴이 너무 답답해요. 앞이 깜깜합니다. 어떻게 해야 할까요?"

도지나 원장의 이야기를 듣는 나도 정말 답답했다. 감정이입이 되어 나조차 그녀의 불안감이 온전히 느껴졌다. 흔들리는 그녀의 동공을 바라보며 겁없이 왜 그런 결정을 내렸다고 묻고 싶었지만, 이 상황에서는 전혀 도움이 되는 이야기는 아니었다. 학원 홍보마케팅 전문가로서 그녀에게 어디서부터 어떻게 조언을 주고 시작을 하게 해야 할까?

일단 마음가짐부터 바꿔놔야겠다는 생각이 들었다. 계속되는 불안한 마음과 부정적인 생각으로는 아무것도 이뤄낼 수 없다. 그리고 이러한 감정은 아이들에게 그리고 학부모들에게 고스란히 전달될 수 있기 때문이다. 우선은 도지나 원장에게 희망을 줘야 한다는 생각부터 들었다. 할 수 있다는 희망, 나아질 수 있다는 희망!

"원장님! 그냥 0에서부터 시작한다 생각하시죠? 100명의 학생이 있었는데 70명이 떠나갔다면 그건 정말 슬픈 일입니다. 억장이 무너지겠죠. 권리금까지 내고 인수한 학원인데 말이에요.

생각의 프레임을 바꿔봐요. 100명 규모의 학원으로 처음 인테리어하고 오픈했다라고 생각을 합시다. 0이 아닌 30명의 학원생을 기반으로 시작할 수 있으니 이건 얼마나 행운이에요! 그렇게 남아있는 학생이 있어 얼마나 다행인가요?

그리고 지금부터 하나씩 하나씩 해 나가는 거에요. 학원 마케팅은 단시간에 효과가 나는 그런 게 아니에요. 더군다나 원장님은 학원 운영 경험도 없는 초짜입니다. 지금 비싼 수업료를 내고 계신 중이에요. 그만큼 이번 경험을 잘 살린다면 앞으로 원장님은 뭐라도 해낼 수 있을 거에요. 조급해만 하지 마세요. 그리고 하나씩 만들어 나가시면 됩니다.

학원 경영이나 강사 채용, 상담에 대해서는 제가 어찌해 드릴 수가 없어요. 하지만 마케팅 부분에서는 원장님이 잘 헤쳐나갈 수 있도록 제가 도움을 드리겠습니다.”

도지나 원장의 눈동자가 반짝 빛났다. ‘절실함’만큼 큰 무기는 없다. 사방팔방 막혔을 때가 바로 폭풍성장할 때라 했던가? 도지나 원장의 벼랑끝 모습을 보니 나의 그 막막했던 첫 시작이 떠올랐다. 도 원장의 절박함이 큰 동력이 될 거라는 확신이 들었다. 혹은 ‘그렇게 되어야 할 텐데….’라는 내 개인적인 바람일 수도 있을 것이다.

“자 원장님, 이제부터 시작입니다! 무언가를 한다고 해서 바로 결과가 나지는 않을 거에요. 시간이 걸립니다. 우선 원
장님에게 전체적인 큰 숲을 볼 수 있도록 학원 온
라인 마케팅 내비게이션을 장착해 드릴 겁니다. 지
루하기도 하고 어렵기도 할 거에요. 하지만 때로는
재미도 있을 겁니다.

그러면 먼저 질문 하나를 드리겠습니다. 원장님이 알고 계신 마케팅
이란 무엇인가요?"

이렇게 도지나 원장과의 첫 시간이 시작되었다.

마케팅이 뭔가요?

마케팅을 이야기하면 머리가 지끈합니다. 무언가를 막 공부하고 전문적으로 해야 할 것 같은 느낌이 들어서일 겁니다. 혹은 '나는 마케팅을 잘 모르는데…'라고 먼저 단정하고 접근하기 때문에 더 그럴 수 있어요.

이미 마케팅 관련 전문서적은 시중에 널려 있습니다. 잠깐 원론적인 이야기를 해 보겠습니다.

마케팅은요, '내 잠재 고객을 내가 원하는 방향으로 설득하는 과정에서 벌어지는 모든 일련의 활동'을 말합니다. 내가 원하는 방향은 모두가 다를 겁니다. 누군가는 제품이나 서비스가 판매되기를 원할 거예요. 누군가는 자신의 온라인 카페 회원으로 등록하도록 유도할 수 있겠고요. 보통은 '구매'를 최종 목표로 한 활동들이 대부분입니다.

그럼, 원장님 입장에서 마케팅이란 무엇일까요?

내 잠재 고객 = 타겟 학생(수강생) 혹은 학부모

내가 원하는 방향으로 설득 = 수강료를 지불하고 내 학원으로 등록

즉 내 잠재 고객(타겟 학생 혹은 학부모)을 대상으로 그들을 설득하여 수강료를 지불하고 내 학원으로 등록하게 하는 일련의 활동을 이야기합니다. 내 수강생을 늘려 매출을 올리는 거죠.

그 활동은 현수막부터 X-배너, 블로그 활동, 외부 프로모션, 인스타그램 광고, 오프라인 상담, 입학 설명회 등 다양한 것들을 포괄하고 있습니다.

온라인 마케팅이 더 중요해지고 있어요

온라인 마케팅이 더 중요한 시대가 되었어요.

다 차치하고, 그냥 여러분께 질문 하나 드릴게요.

무언가를 구매하기 위해 정보를 얻고 싶으면 어떻게 하나요? 인터넷이 없던 시대에는 그걸 가장 잘 아는 사람이 누구일까 곰곰이 생각해본 후 그 사람에게 연락하여 전화로 물어봤을 거에요. 그런데 지금은 온라인 검색이란 걸 합니다. 거기에 정보들이 있거든요.

고객들이 무언가 구매할 준비가 되어 있는 상태에서 온라인 검색을 한다면, 우리는 어디에서 고객을 기다려야 할까요? 바로 그 고객이 검색하려고 하는 온라인 시장에서 대기하고 있어야 해요. 그래야 고객을 만날 수 있습니다.

혹은 구매할 생각도 없었는데 덜컥 정보를 접하고는 충동적으로 구매를 하는 경우도 있을 겁니다. "때마침 필요했는데…"하면서요. 우연히 정보를 접한 것이 아닙니다. 해당 정보가 당신에게 노출만

된다면 분명히 관심을 가질 것이란 예측하에 당신의 온라인 이동 길목에서 기다렸다가 떡밥을 던진 거지요.

온라인 마케팅에 대한 정의 없이 다짜고짜 이야기를 시작했는데요, 그러면 온라인 마케팅이란 무엇일까요? 앞서 말씀드린 마케팅 활동을 온라인이라는 공간에서 진행하는 일련의 과정이라 생각하면 됩니다.

살짝 전문가스럽게 이야기한다면, 인터넷상에서 내 서비스나 상품을 잠재 고객에게 노출시켜 구매를 유도하는 과정입니다. 온라인상에서의 잠재 고객 내편 만들기 프로젝트라고 쉽게 이해하시면 됩니다.

흥미롭고 경이로운 온라인 마케팅

첫째, 잠도 자지 않고 24시간 일을 합니다. 마치 24시간 무인 편의점인 것처럼요.

처음 장만해 세팅할 때에는 수고스러움이 있겠지만, 밤낮 없이 나 대신 계속해서 일을 하는 게 바로 온라인 마케팅입니다. 이것은 차차 책 전반에 걸쳐 이야기해 드릴 거예요. 내 학원은 밤에 잠겨 있지만, 온라인 세상에서 내가 게시해 둔 게시물은  새벽 1시에도 계속해서 고객의 마음을 사로잡을 수 있습니다.

둘째, 나 대신 일을 해 줍니다. 마치 내가 분신술을 쓴 것처럼요.

실제 1인 교습소를 운영하시는 원장님이 계셨어요. 제가 운영하는 블로그 코칭 과정을 통해 블로그를 잘 정비해 두었습니다. 학부모들이 궁금해 할 세세한 부분을 블로그에 잘 포스팅해 두었고, 더불어 학부모들이 알면 좋은 교육 정보 및 자신의 교육 철학, 교육 방식 등을 차곡 차곡 쌓아 두었어요. 그런데 한번은 블로그를 통해 정보를 보고 상담을 오신 학부모님이 너무 만족하신 나머지 자신이 활동하는 맘카페에 정보성 글로 그 교습소 소개를 올리신 거예요. 그러자 그 글을 보고는 8명의 학부모님이 동시다발적으로 연락을 해오셨습니다.

1인 교습소이니만큼 모든 것을 본인이 해야 하는데, 수업을 운영하면서 동시에 8명의 학부모를 응대하기는 쉬운 일이 아니었습니다. 이때 블로그가 원장님 대신 상담을 도맡아 했어요. 내용들이 잘 정리되어 있었고, 원장님인 본인이 직접 설명하는 대신 블로그 링크만 공유하면 되었습니다.

그 결과 무리 없이 모든 학부모님들을 응대했고, 등록으로까지 연결되었습니다. 상담을 위해서는 내가 매번 설명을 해야 합니다. 하지만 이렇게 내가 잘 정비되어 있는 온라인 콘텐츠를 가지고 있는 자체로도 나의 수고는 줄어들고, 대신 더 생산적이거나 고도화된 상담을 할 수 있는 것이죠.

셋째, 성과 측정이 가능해요. 모니터링하고 개선할 수 있습니다.

오프라인에서도 성과를 측정할 수 있지만 모호합니다. 하나하나 확인을 해야 하고요. 하지만 온라인에서는 성과 측정이 매우 명확합니다. 어떻게 내게 왔는지를 알 수 있거든요.

[키워드 광고의 예]

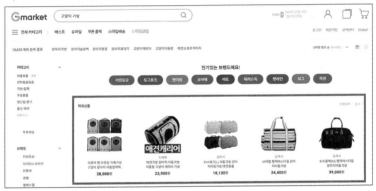

[디스플레이 광고의 예]

CTR*(Click-Through Rate)*이나 ROAS*(Return on Ad Spend)* 와 같이 실제로는 어렵지 않지만 모르면 외계어처럼 보이는 용어를 차치하고서라도 그 효과를 알 수 있어요.

내가 블로그를 운영하는데, 블로그 댓글이나 쪽지 혹은 네이버 톡톡으로 문의가 왔다, 내가 인스타를 운영하는데, 인스타 DM으로 문의가 왔다, 그럼 바로 어떤 채널에서 문의가 온 건지 파악이 되죠.

인스타 광고를 하면, 몇 명에게 노출되었는지 몇 명이나 클릭했는지 등 각종 지표를 볼 수 있어요. 그걸 보고는 광고를 계속할지 혹은 광고안을 변경해 다시 시도할지 등 판단을 할 수 있어요. 여기서 온라인 기반 마케팅의 장점이 빛을 발합니다. 온라인 광고는 성과를 측정할 수 있어요. 그리고 그걸 기반으로 성과를 향상시키기 위해 개선을 할 수 있습니다.

측정*(모니터링)* → 개선 → 성과 향상. 이 과정을 반복하는 겁니다.

CTR(Click-Through Rate) : 클릭률. 온라인상에 광고로 게재된 배너의 노출 수당 클릭되는 횟수를 말한다. '(클릭수/노출된 횟수)×100'의 공식으로 구한다. 예를 들어 어떤 광고가 100번 노출되었는데 3번 클릭되었다면 그 광고의 CTR은 3%가 된다.

ROAS(Retrun on Ad Spend) : 광고비 대비 수익률. 광고를 위해 지출한 비용. 그에 따른 매출액이 얼마인지를 알아보는 지표. 중요한 것은 얼마의 이익을 창출했는지가 아니라 광고비 대비 얼마만큼의 수익률을 냈는지이다.

학원 마케팅, 뭐부터 할까요?

원장님들과 상담을 하다 보면 많은 원장님들께서 다음과 같이 문의합니다.

"마케팅은 하나도 몰라요. 뭐부터 할까요?"

그럼 저는 "블로그부터 하세요."라고 답변합니다. 하지만 사실 위의 질문은 마치 "살을 빼야겠습니다. 뭐부터 할까요?"라는 질문과 같으므로 간단하게 답변할 질문은 아닙니다.

왜 살을 빼려는지, 지금 건강 상태가 어떤지, 체질이 어떤지, 만일 현재 비만이라면 어떤 이유 때문인지에 따라 답변이 달라지겠죠. 누군가는 식이요법만으로 뺄 수도 있겠지만, 누군가는 체내 호르몬 이상으로 인한 것이라서 병원에서 치료를 받아야 할 경우도 있을 거예요. 금전적인 여유가 있고 다이어트가 급하다면 수술을 선택할 수도 있겠죠.

위의 같이 "뭐부터 할까요?"란 질문을 주시면, 답변을 하기가 막막합니다만 "블로그부터 하세요!"라는 답변은 바로 드릴 수 있습니다. 그리고 그 이후 어떤 단계를 거치는 게 좋을지 안내해 드릴 수도 있습니다.

다만 다음에 언급할 일반적인 가정하에서의 답변입니다. 지금까지 수백 명의 원장님을 뵙고 강의 및 코칭을 해 오며 현장에서 쌓은 저만의 로드맵입니다. 이 과정을 통해 100일 만에 100명의 신규생을 만들어 내기도 하고, 1년 목표 인원을 5개월 만에 달성하기도 하고, 교습소에서 학원으로 확장하기도 하고, 하나의 학원 만을 경영하다가 2개의 학원으로 성장하기도 하는 등 놀랄 만한 결과를 만들어 낸 원장님들을 너무나도 많이 만났습니다.

위에서 말한 일반적인 가정은 다음과 같습니다.

대상 : 4인 이하의 강사로 운영되는 중소 규모의 학원
현황
- 아무 마케팅 활동 없이 열심히 서비스에만 충실해 왔음.
- 입소문과 간판만으로 학원생들이 들어오고 있음.
- 대형 학원이 아니라서 학원 존재 자체가 잘 알려져 있지 않음.

※ 위에서 대상을 4인 이하의 중소 규모의 학원이라 했지만 수

강생을 필요로 하는 모든 분야가 여기에 해당됩니다. 당연히 과외, 공부방, 교습소를 하는 원장님들도 해당됩니다. 대형학원은 왜 해당이 안 되냐고요? 대형 학원의 경우 이 로드맵이 적당하지 않다기보다는 다양한 홍보 마케팅적 접근이 가능하기 때문입니다. 좀더 실질적인 정보와 경험을 안내해 드리기 위해, 모든 것을 직접 해 내야 하는 원장님들을 중심에 두고 이 책을 집필했습니다.

블로그를 통해 인바운드 마케팅(36페이지 참고) 기반의 본진을 정비한 후, 아웃바운드 마케팅을 통해 유입을 활성화할 거예요. 콘텐츠 마케팅으로 먼저 기본을 다진 후 점차 고객을 끌어 모을 수 있도록 유입 광고를 하는 방식의 접근법입니다. 먼저 개요부터 말씀드린 후 자세하게 설명하도록 하겠습니다.

먼저 블로그를 시작합니다. 그래서 내 학원에 대해 궁금해 하는 분들이 내 학원과 관련된 진정성 있는 현장 정보를 볼 수 있도록 10개 이상의 포트폴리오성 포스팅을 올립니다. 그리고 네이버 검색을 통해 고객이 유입되도록 세팅합니다. 참고로 내 목표 키워드가 상위 노출될 수 있는 환경을 만들려면 약 2개월 이상의 시간이 필요합니다. 이것이야말로 학원 존재 자체를 모르는 지역 잠재 고객에게 나를 드러냄과 동시에 나의 장점을 알리는 가장 가성비 높은 현실적인 방법입니다. 고객이 직접 찾아서 다가오는 인바운드 마케팅의 기본적인 활용법인 셈입니다.

학원과 같은 소상공인에게 블로그는 잠재 고객을 내편으로 만들어 내는 콘텐츠라는 무기를 담은 일종의 본진입니다. 사람들은 무언가를 검색하게 되면 마지막에는 꼭 블로그라는 매체를 통해 내 정보와 판단을 확인하기를 희망합니다. 신규 고객 유입을 위해 아웃바운드 마케팅(예 : 인스타그램 스폰서드 광고)을 하더라도, 고객에게 충분히 나를 알리고 어필할 수 있는 탄탄한 설명과 스토리가 정비된 블로그가 없다면, 그렇게 광고로 모아온 고객은 허공으로 흩어져 버리기 쉽습니다. 이때 블로그는 중심을 잡고 그들의 마음을 잡아내는 중요한 역할을 합니다.

물론 자금과 마케팅 비용이 충분한 큰 규모의 학원이나 교육회사의 경우, 내 블로그 정비 없이도 잘 기획된 홈페이지와 돈을 뿌려 만든 블로그 체험단 등의 모집을 통해 그 이상을 해낼 수 있습니다. 저의 전략은 예산이 한정적인 강소학원에 더 잘 먹히는 전략입니다.

그 다음에는 인스타그램 스폰서드 광고 및 카카오 모먼트 광고를 통해 내 지역의 타겟 고객을 내 블로그로 유입하는 아웃바운드 마케팅을 실시합니다. 적은 예산으로도 충분히 광고가 가능하며, 원하는 지역과 대상, 키워드로 광고를 할 수 있습니다.

정리하면 인스타그램 및 카카오를 통해 고객을 불러 모아 내 학원에 관심을 갖게 만들고, 내 블로그에 이미 정비된 콘텐츠를 통해 신뢰감을 준 후 등록하게 만드는 그런 전략입니다. 실제 이러한 접근을 통해 제 주변의 너무나 많은 원장님들이 성공적인 학원 운영으로 호황기를 맞고 있습니다.

커다란 줄기 차원에서 간단히 이야기했지만, 그 중간중간에는 정비해야 할 다양한 작업들이 존재합니다. 예를 들어 네이버 스마트 플레이스에 지도 등록도 해야 하며, 인스타그램 스폰서드 광고를 하기 위해서는 인스타그램 계정을 개설해 미리 피드들도 올려야 합니다. 카카오톡 채널을 개설하여 고객과 소통할 수 있는 직접적인 창구를 마련하면 더 좋겠지요. 이 모든 걸 하자니 가슴이 답답하시다고요? 하나씩 해 나가시면 됩니다. 누구나 다 1에서 시작합니다.

동네 1등 학원 만드는 온라인 마케팅 내비게이션

앞의 내용에서는 전략 차원에서의 큰 그림을 설명드렸다면, 단계별로 원장님이 꼭 하셔야 할 세부적인 to do list를 정리해 이야기하겠습니다. 아마도 원장님마다 현재의 단계도 다르고, 준비된 현황도 다를 겁니다. 이를 중심으로 어떤 부분을 정비하고 채워야 할지 나만의 로드맵을 만들어 보세요.

모든 것을 한번에 만들어 낼 수는 없습니다. 한 개씩 만들어 점검해 가면, 어느 순간 내 온라인 마케팅 성벽이 잘 쌓아진 것을 보실 수 있을 겁니다. 다음 항목은 일반 지역 학원을 중심으로 정리되었지만, 1인 온라인 교육을 하는 경우 네이버 스마트플레이스 등록 및 당근마켓 등록과 같은 지역 기반의 세팅을 제외하고는 모두 적용 가능한 내용들입니다.

이는 이미 성과를 낸 원장님들의 사례를 바탕으로 정리한 내용입니다.

[학원 온라인 마케팅 내비게이션]	1주	2주	3주	4주	5주	6주	7주	8주	9주	10주
내 서비스 점검 (브랜딩하기)										
네이버 스마트플레이스(지도) 등록하기										
네이버 블로그 개설하고 세팅하기										
10개 블로그 포스팅하기 *(이후 주 1회 발행)*	포트폴리오 만들기*(콘텐츠 지속 발행)*									
Daum에 내 블로그 등록하기										
당근마켓에 학원 등록하기										
인스타 개설하고 세팅하기										
16개 인스타 피드 포트폴리오 만들기*(이후 주 4회 피드)*							포트폴리오*(지속 발행)*			
온라인 카페와 제휴하기*(맘카페/지역카페)*										
카카오톡 채널 개설하고 세팅하기*(이후 운영 및 관리)*								카카오톡 채널 운영		
홈페이지 만들기										
온라인 광고하기 -네이버 스마트플레이스 광고 -네이버 콘텐츠 노출 광고 -인스타그램 광고 -당근마켓 광고 -카카오톡 채널 모먼트 광고										

■ 내 서비스 점검 *(브랜딩하기)*

■ 네이버 스마트플레이스 등록하기

■ 블로그 개설하고 세팅하기

■ 10개 블로그 포스팅 포트폴리오 쓰기*(이후 최소 주 1회 콘텐츠 발행하기)*

■ Daum에 내 블로그 등록하기

■ 인스타그램 개설하고 세팅하기

- 16개 인스타그램 피드 포트폴리오 만들기
- 당근마켓에 학원 등록하기
- 온라인 카페와 제휴하기 *(맘카페 / 지역카페)*
- 카카오톡 채널 개설하고 세팅하기
- 홈페이지 만들기
- 온라인 광고하기
  - 네이버 콘텐츠 노출 광고
  - 인스타그램 광고
  - 당근마켓 광고
  - 카카오톡 채널 모먼트 광고
  - 지역 카페 제휴 광고

각 단계별로 진행할 때 한 가지 조언이 있습니다.

여러 플랫폼을 동시에 진행하는 것은 추천드리지 않습니다. 이유는 효율성과 에너지 분배 때문입니다. 예를 들어 블로그 및 인스타그램에 대한 로직을 모르는데, 이를 배워가면서 동시에 두 가지 콘텐츠를 지속적으로 발행한다는 것은 쉬운 일이 아닙니다. 더군다나 내 사업을 운영하면서 해야 하는 일이기도 합니다.

따라서 블로그를 먼저 마스터하고, 그리고 인스타그램, 그리고 다른 채널들을 마스터하는 형식으로 하나씩 해 나갈 것을 추천드립니다. 욕심 내어 동시다발적으로 시도했다가는 제대로 하기도 전에 나가 떨어질 수 있습니다. 하나씩 내 것으로 만들어 내시기 바랍니다.

한 가지씩 마스터해 나갈 수 있도록 2장부터 본격적으로 안내를 해 드리겠습니다.

(잠깐!) 용어만 알아도 쉬워요.

인바운드 VS 아웃바운드 마케팅

별거 아닌 것도 용어 때문에 낯설게 느껴질 수 있습니다. 인바운드 마케팅과 아웃바운드 마케팅도 우리가 다 아는 내용을 구분지어 표현한 것뿐입니다. 이에 대한 개념을 알고 시작하신다면, 원장님 머릿속에 어떤 판을 짜야 할지 그림이 그려질 거예요. 그리고 그것에 맞추어 균형된 마케팅 전략을 만들 수 있습니다.

'써큘레이터'를 예시로 들어 설명드리겠습니다.

써큘레이터가 무엇인지도 모르고, 필요성도 못 느끼는 사람이 있습니다. 써큘레이터에 대해 이미 관심을 갖고, 어떤 브랜드를 살지 고민하는 사람이 있습니다. 내가 써큘레이터를 만들어 파는 사람이라고 했을 때, 두 사람에 대한 접근법은 다를 겁니다.

인바운드 마케팅은 고객이 알아서 나(업주)에게 찾아오게 하는 것입니다.

예를 들어 지마켓에서 '써큘레이터'을 검색했습니다. 그럼 상단에 [파워상품]이라고 보이시나요? 이미 해당 키워드로 광고를 설정했기 때

문에 나오는 겁니다.

혹은 내가 블로그를 통해 내 학원을 홍보했는데, 검색해 들어와서
는 문의를 남긴다면 이것도 인바운드 마케팅입니다.

인바운드

키워드 광고
사람→광고

"이런 제품을 사고 싶어서
검색 중이야!"

인바운드 마케팅에서는 '키워드'가 매우 중요합니다. 사람이 광고를 찾아 따라오게 만들기 때문입니다. 대부분 '검색'이라는 활동을 통해 유입됩니다. 따라서 고객을 만나기는 쉽지 않지만, 이미 니즈를 가지고 있는 고객이 온 것이므로 연결만 된다면 구매 전환율이 높습니다. 무언가를 이미 사고자 결심한 사람들이 '어디서 살까'를 선택하는 단계이니까요.

아웃바운드 마케팅은 내(업주)가 직접 고객을 찾아 나서는 것입니다. 당장 학원 신규생이 없어서 전단지를 만들어 배포한다면 이건 고객을 찾아 나서는 일이죠? 혹은 인스타그램에 돈을 내고 스폰서드(sponsored) 광고를 한다면, 이것도 직접 고객을 찾아 나서는 겁니다. 둘 다 대표적인 아웃바운드 마케팅입니다.

아웃바운드

인스타 스폰서 광고
광고→사람

"이런 제품 어때? 한번 사
보지 않을래?"

아웃바운드는 마케팅은 나에게 관심을 가질지도 모르는 고객에게 나를 알리고 살펴보게 만들어야 합니다. 그렇기 때문에 나에게 관심을 가질 확률이 높은 '타겟'을 찾아 나서는 것이 중요합니다. 또한 시선과 관심을 끌도록 하기 위해 '콘텐츠', 즉 광고를 한다면 광고안이 매우 중요합니다.

그러면 인바운드 마케팅과 아웃바운드 마케팅 중 무엇이 중요할까요? 우리는 알아서 찾아오는 고객도 중요하고, 고객에게 먼저 다가가 나를 알리는 것도 중요합니다. 즉 둘다 중요합니다. 하지만 순서는 다를 수 있습니다. 저는 아웃바운드 마케팅을 하기 전에 인바운드 마케팅을 먼저 정비하고 세팅한 후, 유입을 위한 아웃바운드 마케팅을 추천드립니다.

앞으로 차차 이야기드리겠지만, 인바운드 마케팅을 위해서 '블로그 운영'을 적극 안내할 겁니다. 그리고 그에 맞추어 적용 가능한 광고도 안내해 드릴 거예요. 아웃바운드 마케팅을 위해서 소상공인들에게 가장 제격인 인스타그램 광고를 주로 안내해 드릴 겁니다.

이번 장에서는 인바운드 마케팅과 아웃바운드 마케팅의 개념만 알아두시기 바랍니다.

제2장

브랜딩부터 시작하자

이번 장에서는 처음 시작하기 위해 갖춰야 할 것들을 중심으로 말씀드립니다. 그중 가장 중요하다고 생각하는 블로그 세팅에 대해서도 이번 장에서 다룰 겁니다.

두 번째 만남 :
할 수 있는 것부터!

"이제는 밑바닥을 친 느낌이 듭니다. 오히려 후련해요. 떨어져 나갈 아이들이 다 떨어져 나가고, 계속 남아 있는 친구들은 '한번 어떻게 하나 두고 보겠어!' 라는 입장인 거 같아요. 이제 저만 잘하면 되겠죠?"

"그래서 강사분들은 구하셨어요?"

"그게 쉽지가 않네요. 진솔하게 정면으로 맞서는 게 맞다 라는 생각으로 학부모님들께 구구절절 편지를 써 보냈어요. 제가 학부모라도 당장 아이를 다른 학원으로 옮겼을 텐데, 기적처럼 그래도 믿고 기다리시겠다는 분들이 계셔서 너무 감사해요. 지금 수학은 아예 수업이 멈춰 있거든요. 매일매일 피가 마른다는 게 이런 느낌인가 봐요. 정말 좋은 분을 모셔오고 싶은 생각에, 빨리 구해야겠다는 생각은 있지만 서두르지 않고 제대로 살피고 면접 보고 있습니다."

지난번 만났을 때보다 도지나 원장은 단단해진 느낌이었다. 눈빛은 더욱 빛났다. 뭔가 큰 거 한 방을 맞고 정신이 번쩍 든 듯했다.

"지난번 학원 온라인 마케팅 내비게이션에 대해 이야기드렸고, 그 시작으로 블로그를 이야기했는데 기억하시나요?"

"그럼요. 내용을 보고 또 보고 했어요. 하면 되겠지 싶지만 솔직히 자신이 없어요. 저는 블로그를 운영해 본 적이 한번도 없는 걸요. 너무 막막해요. 어디서부터 어떻게 손을 대야 할지 모르겠어요. 무엇보다 걱정인 것은 제가 영어와 수학 수업에 대해 전혀 모른다는 거에요. 글을 쓰려면 학원을 속속들이 알아야 하는데…. 그런데 저는… 전…."

도지나 원장은 말을 얼버무렸다. 본인이 이야기하고도 첩첩산중임을 느껴서 그런 것일까? 이야기하다 보니 자기가 왜 이렇게 큰 일을 덜컥 저질렀는지, 이제사 다시 상기되며 후회가 밀려왔나 보다. 자신이 가장 자신 있어 하는 국어 과목을 도입하고자 하는 계획은 이미 후순위로 넘겼고, 지금의 과제는 당장 영수 학원으로서 정상화시키는 것이다. 하지만 영어, 수학에 대해 전혀 알지 못하는 국어과 전공 원장이라니! 난제이긴 난제였다.

"원장님! 할 수 있는 것부터 하면 됩니다. 너무 앞서서 걱정하지 마세요. 블로그가 없으면 새롭게 개설하는 것부터 하면 되고, 아직까지 수업에 대해 현장을 보여줄 글을 쓸 수 있는 만큼 파악이 안 되었다면, 학원 '랜선 집들이 글'부터 쓰면 됩니다. 원장님 이야기를 쓸 수도 있어요."

"그런데요, 정말 블로그가 도움이 될까요? 우리 지역은 엄마들이 블로그를 잘 보는 것 같지도 않고, 다들 보면 소개로 학원에 오더라구요. 더군다나 아까 이야기한 것처럼 저는 블로그를 해 본 적도 없고, 글을 잘 쓸 수 있을지 자신도 없어요."

도지나 원장과 같은 사람들을 정말 많이 만나왔다. 그리고 그들 중 일부는 반신반의하며 블로그를 시작한다. 그 이후 가장 많이 듣는 말이 이 말이다. "너무 신기해요!" 블로그가 자기 대신 일을 하니 너무 신기하다는 것이다. 믿지 못하는 시작이었기에 그 감흥은 더 크게 다가온다. 하지만 여전히 본인이 경험하기 전까지는 믿기 힘들어 한다. 도지나 원장 역시도 당장 시작하기에 자신이 없어서 그런지 의구심부터 보였다.

"모든 분들이 원장님 같은 질문으로 시작을 해요. '동네 학원 블로그 누가 보기나 하나요?', '우리 동네 학부모들은 인터넷으로 검색 잘 안 해요.' '예전에 블로그 했었는데, 효과 없던 걸요?' 이런 이야기 정말 많이 듣습니다. 더 이야기 해 볼까요?

'블로그 한 번도 안 써봤는데⋯', '글쓰기 정말 못하는데⋯', '학원 운영하기도 바빠 시간이 없는데⋯', '블로그에 내 이야기 쓰는 거 부담스러운데⋯' 정말 많은 이유를 말합니다. 블로그를 시작하지 못하는 이유를요. 이건 시작하지 못하는 데 대한 자기 정당화일 뿐이에요. 블로그를 쓰면서 태어난 사람은 이 세상에 없습니다. 블로그의 효과를 믿지 못하는 기분은 저도 알아요. 저 역시 그러한 막막함을 안고 첫 블로그 글을 썼었거든요.

그런데 특히 원장님들은 선뜻 블로그를 시
작하기 더 어려워하십니다. 그 진짜 이유를 아
세요? 자존심 때문입니다. 고학력자인 소위 스
펙이 좋다는 원장님들일수록 이런 현상이 더 발
생하더군요. 이유는 잘하고 싶어서에요. 시작하

려니 막막한데, 이미 저기 저 앞에서 열심히 잘 블로그를 운영하는 다른
원장들이 보이는 거에요. 그리고는 자신과 비교합니다. 이제 막 태어나
서 기지도 못하는 아이가 100m 달리기 하는 선수를 보면서 자기와 비
교하는 형상이에요. 그러면서 남들 눈이 부담되어 시작조차 꺼리는 겁
니다. 남들이 내 글을 보고 우습게 알면 어쩌지 하면서요.

그런데요, 남들은 원장님에게 관심 없어요. 블로그를 잘 운영하기
전까지는요. 처음부터 잘 쓰려고만 하지 않으시면 됩니다. 원장님 속도
로 하나씩 해 나가시면 됩니다. 다들 그렇게 시작해요. 첫 시작의 블로
그 글들은 다들 부끄럽습니다. 지극히 정상적이에요. 어떻게 처음부터
잘 할 수가 있겠어요!

블로그를 시작 못하는 너무 많은 이유를 이야기들 하시지만, 이건
제가 어찌해 드릴 수 없는 부분이에요. 하지만 끝까지 부여잡고 한다면,

분명 결실로 돌아올 겁니다. 단 블로그의 성과는 하루이틀에 완성되는 게 아니에요. 보통은 3개월, 길게는 1년까지도 시간이 걸립니다."

누군가 블로그로 성과를 보았다고 하면, 큰 기대를 안고 시작하는 원장들이 있다. 기대가 크면 실망도 큰 법! 블로그는 만능 마케팅 비법도 아니고, 몇 번 글을 썼다고 해서 바로 성과가 나는 것도 아니다. 성과가 나는 원장님들에게는 묵묵히 지속된 블로그 글쓰기의 과정이 있었을 것이다.

시장 상황에 따라 그 반응 속도가 차이가 있을 수도 있다. 오랜 기간 수많은 원장님들을 만나고 블로그 코칭을 하면서 경험한 바에 따르면 유·초등, 예·체능, 신도심의 경우 상대적으로 더 빠른 블로그 마케팅 효과가 있었다. 아마도 더 젊은 학부모이기에 인터넷 검색에 익숙했을 것이며, 예체능이기에 학원을 옮기는 시즌성이 덜 적용했고, 신도심이기에 주변에 아는 사람이 없어서 좀더 인터넷 정보에 의지했을 거라 확신한다.

"원장님. 블로그는 원장님이 학원 온라인 마케팅을 진행할 때 본진 (*home base*) 역할을 할 겁니다. 본진이 탄탄하지 못하면, 다른 마케팅도 무너집니다. 이건 선택의 문제가 아닙니다. 내가 잘하고 못하고를 떠나 꼭 해야 하는 필수적인 마케팅 단계에요.

처음에는 익숙치 않아 한 개의 글을 쓰는데 3시간 4시간도 걸릴 겁니다. 하지만 익숙해지면 1시간에 뚝딱 글을 써낼 거에요. 그 시작의 과정은 원장님이 겪어내고 극복해야 할 과제입니다. 준비되셨나요?"

"저보다 절박한 사람은 없을 거예요. 해 볼게요. 할 수 있습니다. 해낼 겁니다."

"원장님이 그렇게 이야기하시니 제 마음이 놓이네요. 오늘은 블로그 세팅에 대한 이야기를 드릴 겁니다. 하지만 원장님이 '브랜딩'에 대한 개념을 알고 접근하시면 좀더 반짝이는 블로그를 만들어 낼 수 있을 겁니다. 그리고 제대로 블로그를 하기 위해서는 네이버 스마트플레이스도 미리 세팅을 하셔야 해요. 그 시작을 할 수 있도록 하나씩 이야기해 드리겠습니다. 브랜딩 이야기부터 해 볼까요?"

다시 한번 도지나 원장의 눈이 반짝였다.

브랜딩, 큰 회사만 하는 거 아닌가요?

브랜드에 대한 것은 책 한 권으로는 부족할 만큼 방대한 이야기입니다. 브랜딩이란 고객과의 지속적인 관계 맺기를 통해 고객의 머리 속에 나의 서비스를 인식시키는 일입니다. 마케팅부터 광고 활동까지 모든 일련의 활동들을 포함하고 있습니다. 브랜드는 사람들의 결정을 쉽게 하도록 도와주는 역할을 합니다.

고객에게 내가 원하는 인식을 떠올리도록 만들기 위해 일반 소비재 기업은 엄청난 돈을 들여 광고를 하거나 고객을 대상으로 다양한 캠페인을 운영합니다. 그러다 보니 브랜딩하면, 큰 회사들이 자신의 제품을 위해 돈을 들여 쌓아가는 이미지를 떠올립니다. 하지만 요즘에는 1인 기업이 활성화되면서 '나'라는 사람 자체를 팔기 위한 퍼스널 브랜딩 사례도 쉽게 볼 수 있습니다.

개인도 브랜딩을 하는데, 내 교육을 판매하는 비즈니스를 운영한다면 이 역시 브랜딩을 해야 하는 영역입니다. 해당 분야에서 내

브랜딩?

= 고객의 머리 속에 나의
서비스를 인식시키는 일

학원을 떠올리게 하는 것이 궁극적인 목표이지만, 내 고객의 머리 속에 내 학원 하면, 특정 이미지를 떠올리게 하는 것만으로도 성공적입니다. 예를 들어

그 수학 학원에 가면 **공부 습관**이 확실하게 잡힌대,

그 입시 학원은 **대입 컨설팅**을 정말 잘해 준대.

그 초등 전문 영어 학원에 다니는 아이들은 **영어 스피킹**을 정말 잘한대.

그 피아노 학원은 **남자 유아 친구**들이 그렇게 적응을 잘한대.

사람들이 내 학원을 내가 원하는 방향으로 인식하게 된다면, 신규 원생 모집에도 영향을 주며 내 교육방침과 결을 같이 하는 학부모나 수강생을 모을 수 있습니다.

거창하게 생각하지 않아도 됩니다. 내 이미지를 알리는 지속적인 블로그 포스팅만으로도 여러분의 교육을 브랜딩할 수 있습니다. 이에 대해서는 블로그 영역에서 좀더 자세히 안내해 드리겠습니다.

내 학원 브랜드 콘셉트 접근은 이렇게

그렇다면 어떻게 내가 원하는 학원의 이미지를 만들어서 브랜딩할 수 있을까요?

브랜딩이라 하여 어렵게 생각하지 마세요. 사람마다 각각 다른 캐릭터를 가지고 있어요. 그리고 타인들에게 그 캐릭터는 비슷하게 투영됩니다. 외모, 말투, 그간의 대화, 그간 보여준 행보 등이 모여 상대로 하여금 나를 이미지화하게 만듭니다. 이런 게 브랜딩이라고 쉽게 생각하세요.

이때의 전제 조건은 내가 만들어 내고 싶은 학원의 이미지를 반영하는 일관성 있는 교육 서비스를 제공해야 한다는 점입니다. 예를 들어 단어를 외우지 않고 영어 리딩으로 어휘력을 키우는 영어 학원이라고 이미지화해 놓고는 매일 단어 시험을 본다면 사람들은 인식의 충돌이 일어날 겁니다.

브랜딩을 하기 위해서는 내 타겟 고객과 내 교육에 대한 이해가 선행된 후 그에 맞는 콘셉트를 잡고, 일관성 있는 지속적인 커뮤니케이션을 해야 합니다. 이때 지속적인 커뮤니케이션 수단은 블로그와 인스타와 같은 SNS가 그 역할을 해 줄 수 있습니다.

그럼 내 교육이 원하는 방향으로 보이도록 하려면 어떻게 해야 할까요?

제가 처음 시작했던 케이스로 예로 들면

첫째, 제 타겟 고객을 설정했습니다. (작은 학원 원장님으로 잡았습니다)

둘째, 브랜드 콘셉트를 잡았습니다. (신규 원생을 불러오게 해주는 그래서노벰버입니다)

셋째, 블로그 글을 썼습니다. (타겟 고객을 대상으로 정보성 콘텐츠를 썼습니다)

그러면서 저를 알리는 포스팅을 같이 올리면서 제 서비스에 대한 이미지를 만들어 나갔습니다.

타겟을 작은 학원 원장님으로 잡았기 때문에 그들 입장에서 고민되거나 궁금한 내용들을 찾아 안내해 주었어요. 그러자 신뢰가 쌓이며 자연스럽게 제 닉네임이 브랜드화되었습니다.

이처럼 그 첫 타겟 고객을 설정할 때에는 구체적이며 좁게 잡는 게 좋습니다. 그래야 고객에게 더 명확한 나의 이미지를 각인시킬 수 있으며, 그에 맞는 콘텐츠 마케팅을 할 수 있습니다.

예를 들면 단순히 중·고등 영어 학원이라고 하면 큰 임팩트가 없습니다. 공부를 못하는 아이와 잘하는 아이는 접근 방식이 달라야 합니다.

만일 영어 성적 하위권인 중학교 학생들을 타겟으로 한 영어 학원이라는 콘셉트를 가정해 봅시다. '하위권 학생들이 내신 성적을 잘 받게 하기 위한 특수 노하우', '고등학교에 가서 상위권으로 도약하기 위한 스파르타 특강' 등으로 콘텐츠를 만들 수 있을 겁니다. 그에 맞게 서비스가 콘셉트화되면 이를 가지고 스토리를 만들어 브랜딩할 수 있습니다.

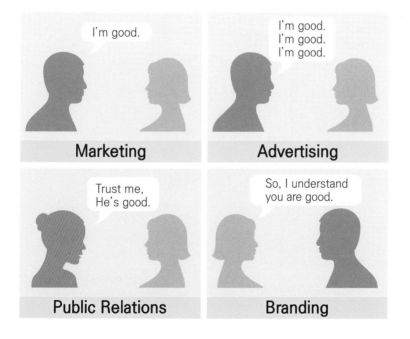

이렇게 된다면 내가 전달하고자 하는 메시지가 명확해지고, 타겟 고객의 시선을 끌 수 있습니다.

브랜딩에는 다양한 콘텐츠로 전달되는 이미지도 있지만, 시각적인 이미지도 포함됩니다. 그래서 홈페이지, 블로그, X-banner, 학원 전단지의 모든 커뮤니케이션이 일관성이 있어야 합니다.

[최소한 브랜딩]

■ 주요 타겟 고객 선정하기

■ 학원 이름 및 로고 정비하기

■ 브랜드 컬러

■ 내 학원의 강점을 세 단어로 표현하기

■ 주요 슬로건/캐치프레이즈

■ 온라인 상에서의 내 닉네임

■ 내 교육 사업의 Why와 미션 설정하기

■ 주요 타겟 고객 선정하기

네이버 스마트플레이스 상위에 노출되려면

혹시 네이버에서 지도 검색을 통해 원하는 장소를 검색한 적이 있나요? 사람들이 검색을 하는 방법은 매우 다양합니다. 네이버 검색창을 통해서도 검색을 하지만, 인근 특정 장소를 검색할 때에는 바로 지도 검색을 하기도 합니다.

예를 들어 '미술학원' 이라고 검색했을 때, 내가 있는 지역에서 검색되는 미술 학원이 나옵니다. 이러한 지도 등록을 하게 되면, 업체에 대한 상세 정보를 볼 수 있습니다. 사업주는 이런 위치부터 본인 업체 정보를

네이버 '스마트플레이스' 서비스를 통해 등록할 수 있습니다.

옛날 가게 전화번호를 114에 등록하는 것처럼 네이버에 꼭 업체 등록을 하시기 바래요. 네이버 검색창에서 '네이버 지도 등록'을 검색하면 바로 스마트플레이스 서비스 사이트로 안내해 줍니다.

https://smartplace.naver.com

많은 사람들이 이용하는 서비스이므로 따라만 하면 되도록 안내가 잘 되어 있습니다. 안내창에서 나오는 빈 필드들은 모두 채우는 것이 지도 상단 노출에 좋으니 최대한 채워 주시기 바랍니다. 어떻게 작성해야 할지 모른다면 각각의 항목에 나와 있는 가이드를 보시기 바랍니다.

우리가 블로그에 글을 쓸 때에는 지도를 삽입할 수 있는 기능이
있습니다. 네이버 지도에는 '리뷰'라는 항목이 있어서 블로그에서의
리뷰를 같이 보여줍니다. 이렇게 블로그 쓸 때 내 업장의 지도를 넣
으면 아래와 같이 해당 블로그 리뷰로 연동되어 보이게 됩니다.

네이버 스마트플레이스와 관련하여 꼭 알고 넘어가야 할 세 가지를 간추려 안내해 드리겠습니다.

첫째, 프랜차이즈라면 등록 시 필요한 서류가 있습니다.

등록 시에 사업자등록번호를 입력해야 하는데, 프렌차이즈의 경우 계약서 및 사업자등록증을 요구합니다. 이름이 동일하기 때문에 사업자등록증으로 별개의 사업장임을 확인하고 있습니다.

둘째, 상단 노출을 위해 되도록이면 많은 정보를 넣어주세요.

같이 지도를 등록했는데, 누구는 앞에 나오고 누구는 저기 뒤에

나올 수 있습니다.

네이버의 안내에 따라 네이버 지도 메뉴에서 정보를 최대한 많이 넣어주세요. 네이버 입장에서는 정성스러운 업체 등록을 더 선호할 겁니다. 제대로 된 사진 정보도 없는 그런 업체를 지도 상단에 올려주지는 않을 거예요.

다음의 방법이 정답은 아니지만, 따라하신다면 지도 상단에 올라갈 확률이 높아질 겁니다.

1. 네이버에서 제공하는 서비스 최대한 연동 *(예약 기능, 톡톡(채팅 기능) 등)*

2. 정보를 최대한 상세하게 넣을 것

3. 정기적으로 업데이트할 것

4. 등록된 리뷰가 많을수록! *(블로그에 지도 삽입하여 작성하기)*

4. 조회수가 높을수록!

셋째, 스마트플레이스에 등록을 하면 광고 회사로부터 연락이 많이 옵니다.

네이버 대행사를 사칭하는 업체들도 기승을 부리고 있어, 신규 등록 페이지에 네이버 측에서 아래와 같이 주의하라는 메시지를 올려놓기도 했습니다. 많은 분들이 피해를 입은 사례를 직접 듣기도 했습니다.

절대 공짜로 광고해 준다는 그런 이야기에 현혹되지 마세요. 이

신규 등록

| 1 등록내역 조회 | 2 필수정보 입력 | 3 상세정보 입력 | 4 등록신청 완료 |

✓ 네이버에 새롭게 등록하려는 업체가 등록되어 있는지 확인하는 단계입니다.

> 최근 '네이버' 혹은 '네이버 대행사/계휴사'를 사칭한 일부 업체들이 네이버를 이용하시는 사업주님들을 대상으로
> 부당한 대행계약을 권유하며 금전적 피해를 발생시키는 사례가 확인되고 있습니다.
> 스마트플레이스에 업체정보 등록을 준비중인 사업주님들께서는 각별히 주의해 주시기 바랍니다.

업체명   그랬서노법버

미 광고 계약을 마쳤다 라고 하면 금방 전화를 끊을 겁니다.

만일 광고 노출에 관심이 있으시다면, 덜컥 결정하지 마시고 안내만 받으시고 알아본 후 진행하는 것도 하나의 방법입니다.

참고

네이버에서 안내한 지도검색 노출 기준 (2021.08.05 업데이트)

검색 노출 순서는 이용자가 검색한 키워드에 따라 검색의도에 가장 부합하는 순으로 보여주고 있습니다. 검색어가 무엇이냐에 따라 특정 지역 근처가 검색되기도 하고, 유명한 곳이 먼저 검색되기도 합니다.

그 외 검색어와 얼마나 일치하는지, 사람들이 얼마나 자주 검색했는지 등을 고려하고 이용시간이나 이미지 등 상세정보는 얼마나 많은지 등 다양한 기준을 검색순위에 반영하고 있습니다.

이렇게 검색 노출 순서는 검색 자동 로직에 의한 것으로 원활한 서비스 제공을 위해 최대 300개 업체까지만 제공하고 있으며, 정확한 업체 검색을 위해서는 주소와 함께 검색하여 확인해 주세요. 검색결과 순위는 계속 변동되기 때문에 지금 내가 1페이지에 노출이 되지 않더라도 추후 언제든 변경될 수 있습니다.

네이버 블로그로 브랜딩 시작하기

콘텐츠 마케팅을 통해 고객을 내편으로 만들면서 내 브랜드 인식을 쌓아가는 방법에는 여러 가지가 있습니다. 그중 제가 작은 시작 단계에서 선택해 진행한 후 엄청난 효과를 달성했고, 옆에서 수많은 분들이 경이로운 결과를 내게 해 준 방법은 바로 블/로/그/글/쓰/기였습니다.

블로그를 꼭 하세요. 강소 학원을 브랜딩하기 위한 최적의 매체입니다. 또한 신규 원생을 불러오게 하는 24시간 영업 사원 역할을 해 줍니다

막 사업을 시작했다면 절대로 고객은 스스로 알아서 원장님께 찾아오지 않습니다. 혹은 찾아오더라도 구매로 연결되지 않습니다. 모으기에 앞서 고객이 나를 찾아왔을 때 나를 신뢰하게 만드는 시스템, 콘텐츠 포트폴리오를 먼저 갖춰야 합니다. 그 역할을 블로그가 해 줄 겁니다.

여러분은 무언가 값나가는 물건을 구매하거나 서비스를 선택하려면 어떤 과정을 거치나요? 일단 검색을 할 겁니다. 웹이든 인스타그램이든 유튜브든 검색을 할 거예요. 혹은 지인으로부터 추천을 받을 수도 있습니다. 그러면 추천 받았다고 무턱대고 구매를 하시나요? 마지막에는 다시 블로그라는 채널을 통해 다른 사람들의 평판을 확인하는 수순, 즉 또 검색이라는 확인 과정을 거칩니다.

우리는 내 선택의 타당성을 부여하고 실패율을 줄이기 위해 다방면의 노력을 하는데, 거기에 큰 역할을 하는 게 바로 블로그입니다. 더 이상 의문의 여지가 없습니다. 블로그를 통해 여러분을 알리고 소통해야 합니다. 대다수 고객의 온라인 검색 종착지가 바로 블로그이기 때문입니다.

블로그를 통해 들어온 상담 케이스

처음 블로그 보고 오신 분은 공부방 소개 글을 보고 오셨고, 다른 글을 다 읽어보고 오셔서인지 굉장히 호의적이셨어요. 보통 저희 공부방에서 영·수 듣는 아이들은 주 3회 두 시간씩인데, 맞는 시간대에 자리가 없어 따로따로 주 5회 와야 함에도 불구하고 (집이 여기서 차로 10분 거리에요) 영·수 다 하겠다고 어제 결정하셨어요.

– 영어 교습소 원장님 경험담

내 온라인 콘텐츠 마케팅의 본진으로서 블로그를 잘 정비해 놓는다면, 다양한 아웃바운드 마케팅 역시 시너지를 내면서 효과를 더 불러올 겁니다.

블로그 기본 정보 세팅하기

블로그를 처음 시작하게 되면, 프로필 사진／블로그명／별명／소개 글을 넣어 초기 세팅을 해 주어야 합니다.

프로필 사진은 정방형 혹은 세로로 긴 사이즈가 좋습니다. 프로필 사진에는 정답이 없어요. 가장 좋은 것은 원장님의 얼굴 사진을 넣는 거예요. 교육이라는 서비스 자체가 신뢰를 기반으로 하기 때문  에, 얼굴이 들어간 사진이 프로필에 있다면 긍정적인 결과를 가져오게 됩니다. 하지만 공개된 블로그상에 내 얼굴을 드러내기 쑥스럽다면 옆모습이나 뒷모습도 괜찮아요. 이것도 싫다면, 앞서 안내 드린 학원 로고라든지, 수업 현장의 모습이라든지, 내 블로그의 정체성을 나타내는 사진으로 해주시는 게 좋습니다.

이제는 블로그 정보를 넣을 차례입니다.

블로그 정보		
블로그명		한글, 영문, 숫자 혼용가능 (한글 기준 25자 이내)
별명		한글, 영문, 숫자 혼용가능 (한글 기준 10자 이내)
소개글		블로그 프로필 영역의 프로필 이미지 아래에 반영됩니다. (한글 기준 200자 이내)

블로그 이름 정하기

말 그대로 내 블로그의 제목입니다. 영화나 책 제목을 상상해 보세요. 그런 식으로 내 블로그 자체에 제목을 붙여준다고 생각하시면 됩니다. 보통 PC에서 볼 때 우측 상단에 블로그 제목이 보입니다. 사람들은 내 블로그의 제목을 보고 이 블로그에 대해 먼저 상상하고 판단합니다. 내 블로그 별명과 똑같이 쓰는 경우도 있지만, 좀 더 친숙한 것으로 나의 정체성을 담아 작명하는 게 좋습니다.

블로그명은 원한다면 이후에 수정해도 됩니다. 저도 계속해서 조금씩 바꿔주고 있습니다.

기존 : 그래서노벰버의 작은학원 홍보마케팅 공작소
현재 : 수강생 모으기 막막할 때 작작랩 by 그래서노벰버

블로그 별명 정하기

블로그상에서 내가 불리게 될 온라인 이름입니다. 저는 현재 제 이름보다도 '그래서노벰버'라는 별명으로 더 많이 불리고 있습니다. 블로그로 인해 브랜딩이 되었기 때문입니다. 블로그 별명은 친근하지만 특별하게 정해주시는 게 좋습니다. 네이버 아이디가 평생 바꿀 수 없는 주민등록번호와 같다면, 블로그 별명은 내 이름과 같아서 필요한 경우 바꿀 수도 있습니다.

블로그 별명을 만드는 요령입니다.

첫째, 한글로 만드세요. 영어도 가능하지만, 우리는 위대한 한글의 자손이어서 한글이 더 쉽게 각인되고 읽힙니다.

둘째, 길이는 6자 이내로 만드세요. 기억하기 쉬워야 합니다. 여러분이 기억하는 블로거를 떠올려 보세요. 모두 기억하기 쉽고 짧을 거예요.

셋째, 검색 시 흔하지 않은 별명으로 정하세요. 같은 별명이 겹치지 않도록 형용사를 앞에 넣어주는 것도 방법입니다. 예를 들어 김쌤이라는 별명이 너무 많다면 앞에 형용사를 넣어보세요.

예를 들어 오지라퍼김쌤 / 요리하는김쌤 / 달리는김쌤 / 궁국의김쌤과 같은 나만의 별명을 만들 수 있습니다.

블로그 소개글 작성하는 법

블로그의 프로필 사진 아래 나오는 소개글입니다. 짧고, 간단하게, 그러나 명료하게 써주셔야 합니다. 나에 대한 혹은 내 블로그에 대한 자세한 소개는 별도의 블로그 포스팅에 올리시고, 이곳에는 짧게 써주세요.

지역 중심의 학원을 운영하시는 원장님들 경우, 지역명을 써 주시는 것도 추천 드려요. 고객들은 "이 학원 어디 있는 거지?"하고 궁금해할 테니까요. 이 소개를 읽는 나의 타겟 대상이 누구이며, 그들이 이 짧은 소개에서 어떤 내용을 알기를 원하는지를 생각하며 소개글을 쓰시면 됩니다.

예전 한 이웃님의 블로그 소개가 너무 재미있었어요. 분명히 교습소 선생님이 본인 소개를 한 건데, 내용은 대략 이렇습니다. "퍼주는 게 버릇이라 식당 하면 망할까봐 학원한다"시며, "마구마구 퍼주고 계시다"고 매우 재치 있게 소개를 해 주셨어요. 잠깐이지만 그 소개글 보며 피식하고 웃음 한번 지어 보았습니다.

블로그 카테고리 이해하기

블로그는 카테고리를 만들어 글을 관리해 올릴 수 있습니다. 처음 블로그를 개설함에도 욕심이 앞서 블로그 카테고리를 10개씩 만들어 세팅하는 경우가 있어요. 블로그 카테고리를 어떻게 확장해 나갈지 미리 큰 계획을 세우는 것은 좋습니다. 하지만 계획만 잡으시고, 처음 블로그 카테고리를 만드실 때에는 5개 전후로 해 주세요. 아직 글이 많지 않으니까요.

그 이후 새로운 카테고리의 글이 늘어나면 그때 카테고리를 추가해 주시거나, 하위 카테고리를 만들어 주시면 됩니다. 참고로 네이버 블로그는 2단까지 카테고리를 만들 수 있습니다.

카테고리를 만들 때 가장 중요하며 고객들 눈에 많이 띄기를 바라는 영역은 앞쪽(위쪽) 카테고리에 배치하도록 해 주세요. 제 카테고리를 예시로 말씀드리겠습니다.

저는 제 정체성을 알리고 강의 정보를 알리는 게 중요하다 생각하여 그것을 맨 위쪽에 배치했습니다. 그리고 제 강의와 코칭을 통해 좋은 결과를 보여주고 계시는 원장님들의 사례를 '성장하는 원장님들'이란 카테고리에 넣었어요. 제 수익과 가장 직결되는 중요한 콘텐츠이기에 이렇게 위쪽에 배치했습니다.

카테고리

- 📄 <u>전체보기</u> (654) EDIT
- 📄 그래서 노벰버 (25)
- ◪ 강의/컨설팅/이벤트
- 📄 성장하는 원장님들
- 📄 월별 노벰버 소식지

- 📄 작은학원마케팅 (52)
- 📄 블로그 마케팅 ▲
  - └📄 블로그운영 Tip (68)
  - └📄 초보블로거 Tip
- 📄 학원 인스타그램
- 📄 이토록유용한 Tip (71)
- 📄 노벰버 잡화점
- 📄 교육계 정보

카테고리를 어떻게 만들어야 할지 막막하다면 벤치마킹하는 것도 방법입니다. 내가 닮고 싶은 학원 블로그 3개만 뽑아 본 후, 그분들의 카테고리를 살펴보세요. 그러면 내 카테고리를 어떻게 하는 게 좋을지 감이 올 겁니다.

자, 이제 본진을 마련하기 위한 준비가 끝났습니다.

제3장

학원 홍보의 심장, 네이버 블로그

학원 마케팅에서 블로그는 매우 중요합니다. 이번 장에서는 네이버를 이해하고 운영하는 기술적인 블로그 글쓰기와, 상담을 부르는 마케팅 글쓰기에 대해 집중적으로 안내해 드리겠습니다.

세 번째 만남 :
헛짓을 하고 있었다니요?

도지나 원장과의 세 번째 만남이 이어졌다. 그사이 도 원장의 얼굴 표정은 지난 번 만났을 때보다 한결 밝아졌다. 드디어 강사 채용이 마무리되었기 때문이다. 큰 산 하나를 넘은 듯한 안도의 표정이 보였다.

 "운 좋게도 좋은 강사 분을 찾게 되었어요. 사람이 죽으란 법은 없나봐요. 제가 잘해야 하겠지만, 그래도 천군만마를 얻은 느낌입니다. 이제서야 단추가 제대로 끼워진 것 같아요. 저 잘할 수 있겠죠?"

새로 채용한 강사의 출근일까지는 아직 일주일이 남았지만, 그래도 도지나 원장의 얼굴에서 희망이 보였다. 덩달아 함께 안도의 한숨이 나왔다.

도 원장은 전투적인 표정으로 대뜸 질문을 해왔다.

"드디어 블로그 세팅이 끝났어요. 그리고 혼자서라도 무언가 열심히 해 보고 싶어서 그동안 블로그 글을 마구잡이로 써봤습니다. 쉽지는 않더군요. 말씀하신 것처럼 잘 쓰려는 마음은 버리고 열심히 썼습니다. 그러면 될 거라 생각했어요. 그런데 아무리 열심히 써도 제 글이 검색 결과에 보이질 않아요. 너무 힘이 빠집니다. 도대체 뭐가 문제인 거죠?"

 "하하하. 적극적인 모습 너무 보기 좋은 걸요! 시작이 반입니다. 그런데요, 네이버 블로그는요 열심히만 하시면 안 됩니다. 열심히 하되 제대로 해야 합니다. 제대로 하지 않으면 온라인상에서 헛짓거리를 하고 있을 뿐이에요. 그러한 원장님들을 너무나 많이 보고 있어요. 그분들 모두 블로그를 하면 효과가 있다는 이야기만 듣고 나름 열심히 하십니다. 하지만 제대로 하는 방법을 모르고 열심히만 하면 그보다 안타까운 일도 없어요. 시간과 에너지 낭비일 뿐이죠."

 "네? 블로그 글을 쓰는데 헛짓거리일 게 뭐가 있죠? 그냥 쓰면 되는 거 아닌가요? 헛짓거리고 나발이고, 뭐가 이렇게 복잡한 거죠?"

"원장님도 입장 바꿔 생각을 해 보세요. 네이버에는 하루에도 수십만 건의 신규 블로그 포스팅이 올라옵니다. 그리고 수백만 건의 검색 시도가 있고요. 네이버는 정보를 올리는 자(블로그를 포스팅한 사람)와 정보를 찾는 자(네이버 검색창에 특정 검색을 한 사람)를 적절하게 연결해 줘야 합니다. 그런데 그많은 글들을 어떻게 추려서 검색 결과를 보여줄까요? 이러한 작업을 사람이 직접 하지는 않아요. 검색봇이라고 하는 컴퓨터 프로그램이 알아서 일을 합니다. 이때 서로 간에 신호를 주고받는 '안테나'가 있어야 해요. 우리는 그것을 '검색 키워드'라고 부릅니다."

조금은 복잡한 듯한 설명이었지만 이내 도지나 원장은 고개를 끄덕였다.

"키워드 상위 노출! 이런 말 들어봤어요. 인터넷 기사를 읽다 보면 검색에 상위 노출되었다는 문구를 자주 보게 돼요. 그러니까 키워드가 바로 안테나 역할을 한다는 거죠? 여전히 알쏭달쏭하지만 뭔가 어렴풋이 윤곽이 잡히는 거 같아요."

"네. 맞아요. 검색에 상위 노출되는 블로그 글을 쓰기 위해서 가장 먼저 이해해야 할 개념이 바로 '키워드'입니다. 자! 목동에 사는 학부모가 집근처에서 자녀를 보낼 영어 학원을 찾는다고 가정해 봅시다. 이제 막 이사를 와서 근처에 알고 지내는 학부모도 없습니다. 원장님이 이 학부모라면 어떻게 하실 건가요?"

"네이버 검색창에서 '목동영어학원'이라고 쳐서 검색을 해보지 않을까요?"

"네. 바로 그거에요. 열에 아홉은 네이버 검색창에서 검색을 할 겁니다. '목동영어학원'이라고! 이렇게 검색을 하기 위해 기입한 단어의 조합이 바로 '키워드'에요.

그럼 네이버의 검색봇은 '목동영어학원'이라고 검색한 고객의 기대에 부응하기 위해 본인의 안테나를 켜고 레이다망을 돌려 관련된 글들을 색출해 내는 거죠. 그럼 관련된 글을 색출해 내는 기준이 과연 뭘까? 그것이 바로 키워드 검색 상위 노출의 비밀입니다."

"오…! 그 비밀 궁금해요. 그 기준이 뭐죠? 알려 주실거죠?"

"안타깝게도 네이버에서는 그 비밀을 공개하지 않습니다. 공개하지 않을 뿐더러 검색 엔진을 매번 업데이트하며 검색 노출 로직을 변경하기도 하죠! 검색 결과를 좋게 하기 위해 어떤 기술이 적용되는지는 공개를 하긴 합니다. 새로운 기술을 적용할 때 뿐이지만…. "

"잘 이해가 가지 않아요. 공개하지 않는다면 그 비밀을 어떻게 알 수 있죠?"

"이러한 호기심 좋습니다. 궁금하다는 건 관심이 있다는 반증이니까요. 바로 그 비밀은 '역추적'해서 알아내는 겁니다. 이미 상위 노출된 결과를 가지고 거기에서 나온 공통점들을 바탕으로 유추해 내는 겁니다. 그리고 가끔은 네이버에서 전체적인 건 아니더라도 관련 팁을 부분적으로 제공하기도 해요."

"오! 그러면 역추적해서 알아낸 비밀은 알려 주실 수 있는 거죠?"

"네~. 아낌없이 다 알려 드릴게요. 하지만 몇 가지가 더 있습니다! 상위 노출되어서 고객과 연결이 되었다 할지라도 고객의 마음을 설득하지 못한다면, 키워드 상위 노출은 아무 쓸모가 없어요. 즉 우리는 3가지를 성공시켜야 해요. 첫째, 고객이 사용할 키워드로 상위 노출되어 내 블로그 포스팅이 고객의 눈에 띄어야 합니다. 둘째는, 클릭을 부르는 제목을 통해 고객이 내 포스팅을 클릭하도록 해야 해요. 마지막 셋째는, 그 포스팅을 읽고 내 학원에 상담 전화하고 싶은 마음이 들게끔 전략적으로 글을 써야 합니다!"

오늘 첫 만남에서의 자신감은 온데간데 없어지고 도지나 원장의 표정은 어두워졌으며, 이내 투덜대기 시작했다.

"으악! 흠…. 잠깐 마음을 좀 가라 앉혀 볼게요. 그러니까 네이버도 이해해야 하고, 제목도 잘 써야 하고, 학부모를 설득하는 글도 써야 한다는 거죠? 처음이랑 말이 다르잖아요. 저보고는 잘 쓰려 하지 말고, 블로그 그냥 시작하면 된다면서요!"

"네. 맞아요. 저는 거짓말을 하지 않았어요. 일단 시작부터 해야 합니다. 시작이 있어야 그다음이 있으니까요. 처음 무작정 시작을 했고 블로그 글쓰기를 해냈다면, 이제는 나대신 일을 해내는 영업 사원으로 블로그를 만들어 내는 다음 단계로 가야지요. 이 세상에 쉬운 일만 있는 줄 알았어요?

원장님도 해낼 수 있는 일입니다. 하나씩 해 나가면 됩니다. 해내실 수 있도록 제가 하나씩 안내해 드릴 거에요. 그저 차근차근 하시면 됩니다. 이 과정을 거치면 원장님이 잠잘 때에도 24시간 일하는 온라인 홍보 사원을 영입하는 결과를 얻게 됩니다. 상상만 해도 즐겁지 않나요? 이미 그 과정을 극복해 낸 원장님들이 누리고 있는 현재의 모습입니다."

도지나 원장은 다시 자세를 고쳐 잡고는 말을 했다.

"그래서 블로그 글, 어떻게 쓰면 되나요? 헛짓거리하지 않고, 나대신 일하게 하는 블로그 글 쓰려면 말이에요!"

누그러진 도지나 원장의 목소리를 뒤로 하고, 일보 전진을 위한 설명이 시작되었다.

블로그 검색 키워드 상위 노출하기

앞으로 내 교육을 알리고 나를 알리는 블로그 글을 써 내야 합니다. 양질의 글을 쓰는 것도 중요하지만, 그에 앞서 네이버 검색 상위 노출에 대해 이해해야 합니다.

내가 '목동영어학원'을 운영하는 원장이라면, 학부모가 해당 키워드를 검색했을 때 내 학원의 블로그 정보가 맨 위에 나오기를 희망할 겁니다. 하지만 모든 원장님이 같은 마음일 겁니다. 그래서 네이버는 자신만의 검색 알고리즘을 가지고 각각의 포스팅 순위를 매겨 검색자에게 결과를 노출시켜 줍니다.

네이버는 이런 검색 결과에 반영되는 공식을 알려주지 않습니다. 그래서 전문가들은 상위 노출된 결과를 바탕으로 역추적하여 상위 노출된 글들의 공통점을 찾아내고, 이에 맞추어 네이버 상위 노출되는 글을 쓰고 있습니다. 우리도 이런 전문가들을 따라하면 됩니다.

그중 가장 중요한 게 키워드를 살려 블로그를 써야 한다는 것입니다. 키워드란 검색할 때에 특정한 내용이 들어 있는 정보를 찾기 위하여 사용하는 단어의 조합입니다. 예를 들어 내가 '목동영어학원' 정보를 알고 싶다면, 네이버 검색창에 '목동영어학원'이라고 기입한 후 검색을 실행합니다. 그러면 '목동영어학원'이 바로 키워드가 되는 겁니다. 이 키워드는 검색하는 사람이 자신의 검색 목적에 따라 마음대로 조합해 사용할 수 있습니다. 그리고 이 키워드는 정보를 찾는 사람과 제공하는 사람을 연결시켜 주는 안테나와 같은 역할을 합니다.

지금부터 키워드 검색으로 상위 노출되는 블로그에 대한 안내를 해드리겠습니다. 이 기준은 절대적이지 않지만, 일반적이며 상식적으로 납득이 가는 내용입니다.

블로그 키워드 검색 상위 노출된 글의 공통점

1. 제목과 본문에 연관된 키워드가 들어간 글

특정 키워드로 상위 노출된 블로그 포스팅을 살펴보면 글 제목에 검색을 한 동일한 키워드가 나온다. 그리고 그 키워드가 본문에도 여러 번 반복된다. 제목을 보면 키워드가 앞쪽에 대부분 나오는 것을 볼 수 있다.

2. 우수한 양질의 포스팅

검색봇은 사람이 아니기에 정성적인 판단을 하지 못한다. 객관적으로 우수한 양질의 글을 어떻게 판단할 수 있을까? 글의 분량, 직접 찍은 사진, 동영상 삽입 여부 등으로 판단할 수 있다. 아무래도 100자 쓴 블로그 글보다는 1,000자 쓴 블로그 글이 더 정성을 쏟지 않았겠는가! 실제 검색 상위에 노출된 글들을 클릭해 보면 글자 수가 상당하다. 키워드에 맞추어 관련도가 높고 정성스럽게 우수한 양질의 포스팅을 하자.

3. 사람들의 호응을 이끌어 내는 글

블로그에 글을 쓰면 우리는 타인으로부터 공감 하트나 댓글을 받을 수 있다. 누군가는 스크랩을 하기도 하다. 사람들이 이런 긍정적 반응을 하는 글이라면 분명 검색봇은 매우 높게 평가할 것이다. 하지만 클릭해 들어가니 순 광고성의 낚시성 글이었다면 3초도 되지 않아 바로 이탈할 것이다. 낚시성 글들의 순위는 당연히 점점 떨어질 것이다.

4. 신뢰도가 높은 글

사람들을 낚기 위해 무분별한 글들을 프로그램을 활용하여 이상한 조합으로 찍어내 포스팅을 하는 경우가 있다. 이런 글들이 많아지고 상위 노출된다면 사람들은 정보 검색 결과에 만족하지 못하고 네이버를 떠나게 될 것이다. 이런 상황을 방지하기 위해 네이버는 블로그 운영 기간, 방문자 수, 방문자의 체류 시간 등을 통해 블로그 자체의 신뢰도를 판단한다. 이렇게 신뢰도가 쌓인 블로그는 키워드 상위 노출되기가 쉽다. 이는 반대로 이야기하면 이제 막 개설한 블로그의 경우 네이버가 경계를 하고 노출을 잘 시켜주지 않는다. 네이버는 블로그 포스팅 활동 결과를 보면서 서서히 블로그 지수를 올려준다.

5. 최근에 작성된 글

키워드의 종류나 상황에 따라 달라질 수도 있으나, 일반적으로 최신 글이 상위 노출에 유리하다. 특히 경쟁이 치열한 키워드의 경우 이런 현상이 더 심하다. 하지만 원장님들이 주로 사용하는 지역 키워드의 경우 경쟁이 낮아서 블로그 지수가 높은 경우에는 오래전 포스팅이 계속 키워드 검색 상위에 노출되어 남아 있기도 하다.

모든 블로그 글들을 검색 노출 키워드를 고려해 쓰지는 않아도 됩니다. 저는 최근 30% 정도의 포스팅은 키워드 검색을 고려하지 않고 쓰기도 합니다. 그 이유는 이미 많은 이웃이 있으며, 다른 채널로 통해 제 블로그로 유입되는 고객들이 있기 때문입니다.

하지만 새로 블로그를 시작하여 블로그 이웃이 없거나, 내 블로그로 고객을 유입해 올 외부 채널이 없는 경우에는 '키워드 검색 노출'만이 내 잠재 고객과 연결될 수 있는 유일한 창구입니다. 그러니 블로그 초기에는 검색 상위 노출을 희망하는 키워드를 살려 글을 써주셔야 합니다. 그래야 나를 모르는 고객에게도 나를 알리고 내 학원의 모습을 블로그를 통해 알릴 수 있습니다.

또한 키워드를 넣어 쓰는 글 중에는 너무 억지스러운 글도 있습니다. 예를 들어 자기 소개글의 경우 키워드를 넣기 애매할 수 있습니다. 이런 글들은 키워드 없이 순수하게 블로그에 들어온 고객들에게 나를 알리는 글로 쓰셔도 됩니다.

고객을 연결시켜 줄 키워드 10개 이상 뽑기

블로그에 글을 쓸 때에는 상위 노출을 목표로 하는 키워드를 살려 글을 써야 한다고 이미 말씀드렸습니다. 지금부터 나의 교육 사업에 맞는 키워드 10개를 만들어 볼 것입니다.

네이버 검색 고객을 내 학원 혹은 내 교육과 연결시키려면 어떤 키워드를 사용해야 할지 고객의 입장에서 생각하여 10개의 키워드를 만들어 보세요. 어렵게 느껴질 수도 있지만 찬찬히 생각하며 만들어 보시기 바랍니다. 사람들이 얼마나 많이 해당 키워드를 찾는지 빈도수를 확인해 내게 도움이 되는 키워드를 찾아내는 겁니다. 아무도 찾지 않는 키워드를 사용해 글을 쓴다면 큰 효과를 보지 못할 겁니다.

동네에서 운영되는 일반적인 오프라인 학원이라면, 키워드를 뽑을 때 주의해야 할 점이 있습니다, 꼭 '지역' 관련 단어를 넣어 주세요. 예를 들어 목동에서 학원을 하고 있는데 '영어문법'이라는 키워드로 글을 썼다고 가정을 해 봅시다. 검색량이 많아 상위 노출되기 어려울 뿐더러, 상위 노출되었더라도 제주도, 부산, 목포 등에서 검색을 통해 유입된 사람들일 수도 있습니다. 방문자가 많아져 내 블로그 지수에는 좋을 수 있지만, '목동 지역' 학부모와 연결되기는 쉽지 않을 겁니다.

그렇다면 '목동 지역'의 학부모를 만나려면 어떤 단어를 넣어 키워드를 만들어야 연결이 될까요? 지역명을 넣거나, 지역의 랜드마크 단어를 활용해야 하는 이유입니다.

이해를 돕기 위해 바로 케이스 스터디로 설명드리겠습니다.

제가 11개의 키워드 예시를 추출해 보았습니다. 모든 키워드에 지역명이 들어가 있으며, 지역명이 없는 경우에는 지역명이 없더라도 고유하게 검색되는 지역 내 랜드마크, 즉 학교 이름과 같은 단어로 키워드를 선정했습니다.

【가정】유초등 대상 영어 학원으로 목동에 있는 서정초등학교 옆에 위치함

다음 페이지의 표는 해당 학원이 위치해 있는 곳을 기준으로 뽑아볼 수 있는 키워드를 분석한 것입니다. 총조회 수는 PC와 모바일 검색량을 더한 숫자이며, 문서 수는 해당 키워드로 작성된 문서의 수량입니다. 키워드 조회 수는 조회한 날짜를 기준으로 과거 30

키워드 뽑아 보기 (2022년 2월 23일 기준)

	키워드	총조회수	PC 검색량	모바일 검색량	문서수
1	목동영어학원	2,760	440	2,320	45,413
2	서정초등학교	2,490	660	1,830	2,544
3	양목초등학교	1,140	240	900	2,054
4	목동영어도서관	680	70	610	4,331
5	목동유치원	600	80	520	32,979
6	목동꿈나무유치원	330	30	300	228
7	목동영어과외	80	10	70	5,353
8	목동초등영어	140	10	130	4,484
9	양천구영어학원	70	20	50	9,131
10	목동영어교습소	40	10	30	1,591
11	목동유아영어	60	10	50	1,235

일간의 검색량을 보여줍니다. 4번째 항목을 해석해 보면 '목동영어 도서관'이라는 키워드로 지난 30일간 총 680번 검색되었다는 것을 의미합니다. 만일 내 학원이 '목동영어도서관'이라는 키워드로 5위 이내에 노출되었다면, 그중 많은 사람들이 내 블로그로 유입되어 글을 읽을 확률이 높을 겁니다.

　여섯 번째 '목동꿈나무유치원'을 보면 존재하는 문서 수보다도 검색량이 더 많은 것을 볼 수 있습니다. 경쟁자들에게 노출되지 않은 매우 효율이 높은 꿀 키워드라는 것을 알 수 있습니다. 즉 키워드 검색하는 사람은 많은데 해당 키워드로 문서를 만들어 내는 사람은 없으니 유아 대상 영어 학원이라면 이 키워드로 쉽게 상위 노출도

될 수 있으며, 잠재 고객을 끌어 모을 수도 있을 겁니다.

내 잠재 고객이 사용할 법한 키워드를 고객의 입장으로 돌아가 30개 이상 리스트를 뽑아보세요. 그리고 각각의 키워드별 검색량과 문서 수를 살펴보세요. 최종적으로 내가 상위 노출해야 할 키워드 10개를 우선 순위를 매기면서 선정해 보시기 바랍니다.

키워드 검색량은 여러 방식으로 확인할 수 있는데, 다음의 두 곳을 추천해 드립니다. 원하는 키워드의 검색량을 쉽게 알아볼 수 있고 무료로 서비스를 제공하고 있습니다. 내가 검색한 키워드와 연관 있는 키워드도 추천해 알려주어, 미처 생각하지 못한 키워드도 발굴해낼 수 있습니다.

블랙키위 https://blackkiwi.net

키워드 마스터 https://whereispost.com/keyword

잠깐! 이 점도 꼭 확인하세요. 목동의 경우 교육열이 높기 때문에 위와 같이 높은 검색량이 나왔지만, 일반 소도시의 경우 검색량이 10 미만이 경우가 대부분입니다. 놀라거나 좌절하지 마세요. 그런 소량의 검색으로도 너무나 많은 원장님이 잠재 고객을 만나고 신규 고객을 만들어 내셨습니다. 제가 그 옆에서 많이 목격한 사실입니다.

신규 원생을 불러올 10개의 콘텐츠 포트폴리오

키워드로 상위에 노출되는 것도 중요하지만, 내 글을 클릭하도록 만드는 제목도 중요하고 준비된 콘텐츠도 중요합니다. 이번에는 학원에서 꼭 구비해야 할 10개의 포트폴리오 주제를 안내해 드리겠습니다. 이 주제에 맞추어 키워드를 살려 제목을 쓰고 콘텐츠를 완성하셔야 합니다. 그러면 원장님의 학원에 대해 궁금해 할 잠재 고객을 내편으로 만들고 신규 상담까지 끌어올 수 있는 기반이 마련됩니다. 이 모든 내용은 학원에 대한 소개 및 원장인 나에 대한 신뢰 획득을 목적으로 하고 있습니다.

구체적인 예시를 위해 일반적인 초·중·고 대상의 동네 학원을 기준으로 이야기하지만, 수강생을 필요로 하는 모든 곳에서 조금씩 변형하면 쓸 수 있는 포트폴리오입니다.

다음에 안내되는 주제로 제목을 쓰고 글을 쓰셔야 합니다. 이때 명심할 점은 이전에 안내된 목표 키워드를 같이 넣어 글을 쓰셔야 합니다. 제목에 키워드를 꼭 넣고, 본문에도 3번 이상 써 주시기 바랍니다.

원장님 소개글 쓰기

자기 소개글은 '진정성'이 핵심입니다. 상대(내 고객)가 나를 가깝게 느끼고 신뢰하게 느끼도록 하기 위함입니다. 소개글 하나만으로도 큰 효과를 낼 수 있다는 사실을 기억하세요.

특히 한국인들은 관계 지향적이라 아는 사람에게는 더 관대합니다. 소개글을 올려놓는 그 자체만으로 상대가 나를 가깝게 느낍니다. 원장님의 이력을 나열하기보다는 믿고 신뢰할 수 있도록 인간적인 나의 모습을 서술하시는 게 좋습니다. 가능하다면 얼굴을 드러난 사진을 같이 넣어 주시면 좋아요. 참고로 소개글의 경우 억지로 검색 키워드를 넣기가 애매하므로 키워드 없이 글을 쓰셔도 됩니다.

막막하실 듯 해서 제가 오래전 썼던 제 소개글 링크 납깁니다.

All about 그래서노벰버, 저를 소개합니다.
https://blog.naver.com/sonovember/221576291174

학원 공간 소개글

내 시선이 아니라 고객의 시선에서 생각하고, 그들에게 내가 하고 싶은 말을 어떻게 하면 그들이 듣고 싶어 하는 말로 포장되어 전달할지를 고민해야 합니다.

학원이나 교육기관에 관심이 있는 사람들은 물리적인 공간에 대해서도 궁금해 할 수 있습니다. 그들에게 내 교육기관이 얼마나 잘 갖춰져 있는지 사전에 온라인으로 집들이 하듯 소개해 주는 것이죠. 최대한 많은 사진을 올려주세요. 만일 보여줄 게 없는 조그만 공부방이라면 작은 소품이나 책장, 교재 사진, 원장님 책상 사진도 괜찮습니다. 내가 넣을 수 있을 만큼의 최대한 많은 사진과 많은 영상을 넣어주세요.

코로나 19 이후 직접 방문해서 눈으로 확인하기 어렵기 때문에 이러한 콘텐츠들이 더욱더 힘을 발휘하고 있습니다.

정보성 글 1

교육 정보나 내 학생 및 학부모들에게 도움이 되는 정보 글을 써주세요. '고교 학점제' 관련 글 또는 '수포자가 되지 않기 위해 초등에서 꼭 해야 할 5가지'와 같은 정보성 글도 괜찮습니다. 내가 하고 싶은 이야기가 아니라 고객이 듣고 싶거나 흥미를 느낄 수 있는 정보를 내 인사이트를 담아 써주세요. 그러면 원장님에게 호감을 갖게됩니다.

학생 성장 케이스

성장 케이스 혹은 학원에 대한 만족도를 정리한 글입니다. 결국 교육비를 내는 이유는 결과에 대한 기대 때문입니다. 등록하기 전 기존 재원생의 성장 사례를 가지고 기대를 갖게 만들 수 있습니다. 단 팩트를 중심으로 하셔야 합니다. 잘 포장하는 것은 중요하지만 팩트 이상으로 크게 부풀리는 것은 너무 큰 기대를 갖게 하여 추후에 문제가 될 수도 있습니다. 겸손하게 표현하라는 이야기는 아닙니다. 자랑은 마음껏 하되, 부풀리지 않도록 그 선을 잘 지키셔야 합니다.

왜 내 학원이어야 하는가? 내 학원의 특장점

주변에는 많은 학원이 있습니다. 그럼에도 불구하고 왜 학부모와 학생들이, 수강생들이 군이 내 학원을 선택해야 하는 이유는 무엇일까요? 그 내용에 대해 학부모 혹은 수강생의 시선에서 이해할 수 있도록 블로그 글을 작성해 주세요.

이때 프랜차이즈를 운영하시는 원장님들의 경우 조심해야 할 사항이 있습니다. 브랜드를 홍보하는 게 아니라 내 학원을 홍보해야 한다는 점입니다. 프랜차이즈의 장점을 나열하면서도 '내가 운영하는 학원이기 때문에 더 특별하다'라는 것을 잘 부각시켜야 합니다.

나의 교육관 및 아이들을 대하는 마음

앞서 안내한 나의 소개글이 '나'에 방점이 있다면, 본 글은 '교사'란 직업에 방점을 찍은 글입니다. 특히 유아 및 초등생의 경우 원장님의 인성을 보는 경우가 많습니다. 상대적으로 중·고등 입시생의 경우에는 성적 결과를 더 치중해서 봅니다. 내 학원의 성격에 맞추어 어디에 집중할지 정하고 글을 써주세요.

자주 묻는 Q&A

입학 상담을 하실 때 자주 듣는 이야기, 학부모들이 궁금해 하는 이야기들을 정리해 주세요. 상담 시간을 줄이고 문의율을 높여 줄 겁니다.

하지만 부정적인 내용은 첫 질문으로 넣지 말아주세요. 예를 들어 '셔틀버스가 없어요', '원어민 교사가 없어요' 이런 내용을 처음

에 넣지 마세요. 그리고 같은 내용이라도 어떤 프레임으로 서술하는
지에 따라 받는 느낌은 사뭇 다릅니다. 긍정 프레임으로 잘 잡아서
서술해 주시기 바랍니다.

셔틀버스를 예로 들면 "셔틀버스 대신 합리적인 수강료와 양질
의 수업에 집중했습니다."라고 서술할 수 있습니다.

잊지 못할 제자 이야기

학부모들의 마음을 사기 위해서는 어떤 제자 이야기를 하면 좋
을까요? 혹은 수강생의 마음을 사기 위해서는 그 수강생에 대한 어
떤 이야기를 하면 좋을까요? 잘 생각해 보시기 바랍니다.

이 주제를 통해서는 특정 인물에 대해 집중해서 포스팅을 하실
수 있어요. 그 학생과의 감정적 교류도 좋습니다. 왜 이 학생을 잊지
못하는지, 아이들을 대할 때마다 나는 어떤 생각을 하는지 등 제자
이야기를 통해 원장님 자체를 드러낼 수 있는 글을 써 주시면 좋습
니다.

정보성 글 2 : 인근 학교 정보

학교 이름은 상상 이상으로 유입량이 큽니다. 원장님의 타겟 대

상이 초등이라면 인근 초등학교를, 중등이라면 중학교를 선택하여 학교 정보성 포스팅을 써주세요.

단 정보의 나열이 아니라 원장님이 얼마나 그 학교에 대해 이해를 하고 있는지 '전문가'의 시선을 포함해야 합니다. 즉 인사이트를 담아 써 주셔야 해요. 이런 정보성 글의 맨마지막에 슬쩍 원장님 학원을 노출해 주시기 바랍니다.

공지성 글

공지성 글은 말 그대로 사람들이 꼭 읽었으면 좋을 공지 내용을 담아야 합니다. 블로그에 중요한 글이 흩어져 있는 경우, 한눈에 볼 수 있는 모음 글을 만들어 공지 글을 올릴 수도 있습니다. 혹은 학원의 행사나 특강, 모집 글을 공지 글로 올릴 수 있습니다.

지금까지 10개의 학원 블로그 포트폴리오에 대해 말씀드렸는데, 제대로만 구비하신다면 원장님 대신 상담하며 영업하는 좋은 제2의 직원으로 키워낼 수 있습니다.

블로그가 나를 위해 일하기까지 걸리는 시간

블로그가 제대로 효과를 내기까지는 최소 2~3개월이 걸립니다. 1년 후에 상상치 못한 결과를 내고는 감격해 하시는 분도 보았습니다. 즉, 시간이 걸립니다. 하지만 빠른 경우, 일주일 내에도 바로 고객과 연결되어 상담을 유도하고 신규 고객까지 이끄는 경우도 많이 보았습니다. 단, 전제는 제대로 블로그를 써야 한다는 겁니다.

블로그는요,
내 학원의 존재를 모르던 고객(학부모와 수강생)에게 검색을 통해 내 학원의 존재를 인지하게 해 줍니다.
블로그는요,
글과 사진 그리고 영상을 통해 내 학원의 모습을 전달하면서 고객이 신뢰하고 내 학원을 선택할 수 있도록 사전 상담과 설득 역할을 합니다.

블로그 마케팅 하세요! 꼭 하세요! 적어도 블로그에 서술된 학원의 모습을 보고는 "이 학원은 도대체 잘 가르치려나?"라는 의심 리스크는 상쇄하고 갈 수 있으니까요.

하지만 그런 결과를 이끌어 내기 위해서는 네이버의 시선과 학부모의 시선을 이해하는 블로그 글쓰기를 완성하셔야 합니다. 즉 학원 블로그 마케팅은 제대로 하는 것이 중요합니다. 필요할 때 하려고 하면 늦습니다. 미리 준비하고 기다리는 분만이 그 기회를 잡습니다.

"블로그 하면 정말 효과가 있나요?"

정말 많이 받는 질문입니다. 제대로 한다면 분명 효과가 있습니다. 정말 믿으셔도 됩니다. 코로나가 창궐하는 2020년 7월, 피해가 컸던 대구 지역의 한 원장님은 학원 개원 이래 가장 많은 재원생을 확보하셨습니다. 그것도 블로그로요.

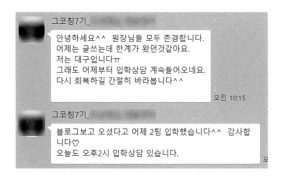

입학 상담 전화주시는 분들에게

학원 블로그 주소 보내드려요.

그러면 학원 알아보려고

여러 군데 전화 돌리시던 분들도

다시 전화주셔서 입학 예약 잡으시더라구요.

-블로그 코칭 참여 원장님 코멘트 중-

처음 시작하시는 분들은 제대로 된 글을 쓰기위해 초반에는 7시간이 걸리기도 합니다. 하지만 시간이 지나면서 점차 글쓰는 시간은 줄어듭니다. 그리고 그렇게 쓴 블로그 글은 원장님에게 큰 행운을 가져다 줄 거예요.

"블로그를 열심히 했는데 왜 나는 블로그를 통한 신규 원생이 안 들어올까요?"

가끔 제게 위와 같이 문의해 오시는 원장님도 있습니다. 그 원인은 여러 가지이기에 특정 이유로 단정지을 수는 없습니다. 나도 모르게 학부모 사이에서 안 좋은 소문이 있을 수도 있으며, 내 지역의 내 타겟 학부모층은 정말 인터넷과는 거리가 멀 수도 있어요. 또 너무 작은 동네라 지인 추천으로만 학원을 움직이는 습성들을 가지고 있을 수도 있고…. 정말 이유는 많겠죠?

하지만 교육도 잘하고 있고 별다른 특이 사항도 없고, 그래서 블로그가 효과가 날 수 있는 상황에서 효과가 없다면? 그렇다면 아래 사항을 확인해 보시기 바랍니다.

첫째, 검색이 되는 글, 노출이 되는 글을 쓰고 있나요?

키워드를 통한 검색 노출을 살펴보세요. 각 포스팅마다 통계 정보를 볼 수 있습니다. 아무리 잘 쓴 글이라도 고객에게 전달이 되지 않는다면 소용이 없습니다.

네이버 블로그에는 하루에도 엄청난 양의 글들이 새롭게 올라옵니다. 원장님이 쓰신 글은 그중 하나에 불과하고요. 원장님이 타겟으로 삼은 학부모 혹은 학생에게 원장님 글이 전달되려면, 네이버의 세상에 맞추어 글에 반영해야 합니다. 그것이 바로 키워드이며, 이 키워드는 제목과 그리고 본문에 적절히 배치되어야 합니다. 만일 이런 키워드를 고려하지 않고 글을 쓰셨다면, 검색을 통해 유입되는 사람은 없고, 나의 블로그 이웃에게만 노출될 뿐이에요.

그러므로 원하는 키워드에 맞춰 노출되도록 쓰는 요령을 키우셔야 합니다.

둘째, 학부모의 마음을 흔드는 글을 쓰고 계신가요?

많은 원장님들이 의무적으로 블로그를 하시는 경향이 있습니다. 왠지 중요해 보이고, 안 하면 안 될 것 같고, 글을 써야 할 것 같고⋯. 그래서 '글을 쓰고 오늘 포스팅을 했다!'에 만족을 하고 스스로 안도하는 거죠. 블로그는 쓰는 게 중요한 게 아니라, 읽히는 글을 쓰는 게 중요합니다. 만약 블로그 글이 공이라면 공을 허공에 던질 게 아니라 공을 받을 수 있게 혹은 받고 싶게끔 던져 주어야 하는 거예요.

모든 블로그 글을 목적성을 가지고 무겁게 쓸 수는 없지만, 때로는 힘을 주어 학부모의 마음을 흔드는 글을 기획해 쓰시면 좋습니다. 원장님의 열정 혹은 전문성이라든지, 재원생의 긍정적 변화의 과정이라든지, 학부모가 관심을 가질 만한 정보성 내용이라든지 차곡차곡 써 내려가면 블로그 검색을 통해 들어온 학부모의 마음이 원장님에 대한 신뢰로 연결될 거예요.

셋째, 읽어 내려가기 편하게 편집하셨나요?

가끔 책을 구매해 놓고도 읽지 않는 경우가 있습니다. 글자와 문단의 구성 등을 무시하고 빼곡히 활자로만 꽉꽉 차 있는 페이지를 보면 순간 숨이 막힐 때도 있어요. 블로그 역시 아무리 좋은 콘텐츠라도 읽기 불편하게 구성된 글이라면 아무래도 독자들은 덜 몰입하게 됩니다.

사실 우리는 생각보다 꼼꼼히 글을 읽지 않습니다. 글을 읽기보다는 훑는 경우가 더 많기도 하고요. 그러다 보니 사람들은 본인의 눈이 가는 곳만 읽고 기억하게 됩니다. 그렇다면 글을 쓰는 우리는 어떻게 해야 할까요? 그들이 내 블로그에 들어온 만큼 이탈하지 않고 편히 글을 읽도록 편집 역시 최선을 다해야 합니다.

저는 독자의 가독성을 높이기 위해 스마트 에디터 내 다양한 기능을 적극 활용합니다. 인용구, 구분선, 사진들, 글자 편집, 스티커 등입니다. 또한 PC로 블로그 글을 쓸 때에는 3~4줄 문단별로 한 줄씩 일부러 띄어 줍니다. 그 이상을 넘어가게 되면 모바일에서 읽을 때 불편할 수 있거든요. 또한 모바일에서도 보기 쉬운지 다시 한 번 모바일 화면에서 검토를 해 줍니다.

블로그를 하는 이유는 다양합니다. 학원 홍보를 위해 하시는 원장님들이 대부분이실 거예요. 하지만 아무 효과를 보지 못한다면 의욕은 떨어지고, 글쓰기는 더욱 힘들어 질 겁니다.

그렇다고 쉽게 "블로그 해 보니 별 효과도 없더라!"라고 하시기보다는 다시 한번 내 기준이 아니라 네이버 블로그 세상의 기준에 맞추어 글을 한번 정비해 보시면 어떨까요? 그러면 분명 응답이 있을 거예요.

(잠깐!)

초보 블로거라면 무조건 필독!

처음 시작하면 키워드 검색 노출이 되지 않아요.

처음 블로그를 개설해 시작한다면, 내 블로그 글이 처음부터 키워드 검색 노출에 반영되지 않습니다. 매일 열심히 양질의 글을 쓴다면, 목표로 한 키워드는 약 5~7일 정도 지나서야 네이버 검색 결과에 하나씩 노출이 되기 시작합니다. 하지만 이 결과는 매우 다양하게 나타납니다. 해당 키워드의 경쟁 강도, 해당 블로그의 개설일, 해당 블로그 포스팅의 상위 노출 최적화 등 여러 가지가 복합적으로 작용하기 때문입니다.

내 블로그 글이 네이버 블로그 키워드 검색 결과에 바로 노출이 되지는 않더라도 상심하지는 마세요. 시작하는 모든 이들이 거친 과정입니다. 최소 열 개의 포스팅까지는 묵묵히 이어 나가시기 바랍니다.

키워드 검색 노출에 문제가 있는 케이스 안내

하지만 간혹 열 개의 포스팅이 훌쩍 넘어가도 네이버 키워드 검색 노출이 되지 않는 경우가 있습니다. 내가 제목과 본문에 제대로 키워드를 살려 양질의 글을 지속적으로 썼음에도 검색 결과에 반영되지 않는다면 내 블로그에 문제가 있는 겁니다. 검색 누락의 이유는 여러 가지입니다.

제가 목격했던 주요 이유는 다음과 같습니다.

① 나의 네이버 아이디가 도용된 경험이 있는 경우
이 경우는 신고하면 바로 네이버에서 반영해 줍니다.

② 네이버가 하지 말라는 행동을 지속적으로 해 온 경우
지속적으로 불량식품을 섭취하면 서서히 내 몸의 건강이 망가지듯이 나의 네이버 블로그도 망가지는 경우입니다. 대표적인 예로는 돈을 받고 비체험 홍보글을 올리는 경우입니다. 이런 과거의 행위로 인해 내 블로그 지수가 저 지하 바닥에 있다면 열심히 양질의 글을 써서 그 지수를 끌어 올려야 합니다. 때에 따라서는 그냥 새로운 블로그를 시작하는 게 더 나을 수도 있습니다.

③ 갑작스럽게 대대적인 내 블로그 정비한 경우

블로그를 개설해 놓은 후 오랜 기간 쓰지 않았거나 혹은 새롭게 블로그를 쓰기 위해 운영하던 기존의 블로그를 대대적으로 정비했다면, 예를 들어 대량의 포스팅을 삭제하고 숨기고 이동하고 했다면 잠시 동안 검색 노출이 보류될 수도 있어요. 네이버는 갑작스러운 행동을 좋아하지 않습니다.

④ 발행 설정 옵션을 잘못 체크한 경우

이런 황당한 경우도 있었습니다. 블로그 글을 포스팅할 때에는 조건 설정 값을 넣게 됩니다. 원장님이 글을 발행 설정에서 '검색허용'을 하지 않고 발행한 경우도 있었어요. 꼭 검색허용을 체크해 주셔야 합니다.

⑤ 알지 못한 이유로 누락된 경우

블로그는 정말 많은 사람들이 이용하기 때문에 사람이 아닌 검색봇이 프로그램을 통해 모든 업무를 진행합니다. 이유를 알 수 없는 경우도 있지만, 네이버에서 알려 주지도 않습니다. '검색반영'을 요청해 볼 수 있습니다. 제 주변의 원장님들도 네이버에 요청해 만 하루만에 노출이 활성화된 경우도 많이 있습니다.

검색 누락 확인 시 대응법

내 블로그 포스팅이 검색 누락인지를 확인해 보세요. 쟁쟁한 블로거들에 밀려 내 블로그 포스팅의 순위가 저 뒤로 밀려 있는 경우일 수도 있어요. 저 뒤에 위치해 있어서 안 보이는 건지, 누락된 건지를 확인을 해 봐야 합니다.

내 글의 제목 앞뒤에 쌍따옴표를 넣어 검색해 보세요. 쌍따옴표를 붙여 검색하면 정확하게 일치한 상세 검색 결과가 나옵니다. 검색에 반영이 되지 않는다면 다음처럼 나옵니다.

> **N** "(모집) 5/23 시작, 학원 공부방 교습소 전용 인스타그램 ✉ ▾ Q
>
> 통합   VIEW   이미지   지식iN   인플루언서   동영상   쇼핑   뉴스   어학사전   지도   ···
>
> "(모집) 5/23 시작, 학원 공부방 교습소 전용 인스타그램 코칭 그 그램 8기"가 정확하게 일치한 상세검색 결과입니다. 일반검색 결과보기
>
> **'"(모집) 5/23 시작, 학원 공부방 교습…'에 대한 검색결과가 없습니다.**
>
> · 단어의 철자가 정확한지 확인해 보세요.
> · 한글을 영어로 혹은 영어를 한글로 입력했는지 확인해 보세요.
> · 검색어의 단어 수를 줄이거나, 보다 일반적인 검색어로 다시 검색해 보세요.
> · 두 단어 이상의 검색어인 경우, 띄어쓰기를 확인해 보세요. 네이버 맞춤법 검사기
> · 검색 옵션을 변경해서 다시 검색해 보세요.
>
> 만족스러운 검색결과를 찾지 못하셨다면 아래 기능도 이용해 보세요.
> 지식iN에 질문하기   검색 도움말 보기

만일 키워드를 살려 양질을 글을 잘 썼음에도 불구하고 해당 키워드 검색으로 100등 가까이에 나온다면 검색 누락은 아니지만, 블로그가 저품질일 확률이 높습니다. 그렇다면 그 블로그로 계속 글을 쓸지, 새로운 블로그로 다시 시작할지를 결정하시는 게 좋습니다.

검색 누락이 의심된다면 네이버측에 검색 반영 요청을 할 수 있습니다. '검색반영 요청하기'로 네이버에서 검색하면 웹사이트 영역에서 해당 링크를 찾을 수 있습니다.

검색 반영을 위한 링크:

https://help.naver.com/support/contents/contents.

help?serviceNo=606&categoryNo=11060

통합검색

통합검색 > 통합검색 문의하기 > 검색반영 요청하기

< 통합검색 문의하기

제목	업데이트	조회수
검색 반영 요청하기	2022.01.13	1697080

검색반영 요청하기
검색제외 요청하기
네이버 검색에 틀린 정보/오류 제보하기
통합검색 서비스에 제안하기
검색어
인물정보
웹검색
기업검색

게시물이 검색결과에 상위 노출되지 않는 경우

네이버는 '좋은 문서'를 판단해 검색에 노출시키고 있으니, 아래 내용을 참고해 주세요.

- 신뢰할 수 있는 정보를 기반으로 작성한 문서
- 물품이나 장소 등에 대해 본인이 직접 경험하여 작성한 후기 문서
- 다른 문서를 복사하거나 짜깁기 하지 않고 독자적인 정보로서의 가치를 가진 문서
- 해당 주제에 대해 도움이 될 만한 충분한 길이의 정보와 분석 내용을 포함한 문서
- 읽는 사람이 북마크하고 싶고 친구에게 공유/추천하고 싶은 문서
- 네이버 랭킹 로직을 생각하며 작성한 것이 아닌 글을 읽는 사람을 생각하며 작성한 문서
- 글을 읽는 사용자가 쉽게 읽고 이해할 수 있게 작성한 문서

검색기준이나 상위노출 등과 같은 세부적인 판단 기준은 공개하는 즉시 기준으로서의 가치를 잃어버리기 때문에 명확히 밝히기 어려운 점 양해 부탁드립니다.

게시물이 작성된 서비스 종류를 선택해주세요.

- ○ 네이버 블로그
- ○ 네이버 카페
- ○ 외부블로그(다음, 티스토리 등)
- ○ 웹검색
- ○ 동영상/이미지
- ○ 방송/웹오리지널
- ○ 축제/행사 등 기타 컨텐츠

제4장

콘텐츠 마케팅의 힘

블로그로 본진을 완성했다면, 원장인 내가 직접 진행 가능한 다양한 콘텐츠 마케팅으로 확장을 시도해야 합니다. 인스타그램, 네이버 카페, 당근마켓, PDF 소책자, 유튜브 등의 활용법을 소개합니다.

네 번째 만남 :
블로그 너머의 도전

그간의 하드 트레이닝으로 인해 도지나 원장의 블로그 포트폴리오 콘텐츠들이 하나둘 채워졌다. 블로그 포스팅을 하기 위해서는 내 학원의 장단점도 살펴야 하며, 각 과목의 교육 방식과 특성들도 파악하며 정리를 해야 한다. 도지나 원장의 절실함은 이런 과정을 충실히 해내도록 하는 원동력으로 크게 작용했다. 다시 만난 도지나 원장은 그사이 블로그 글쓰기로 엄청난 고생을 했음에도 불구하고 학원 블로그 예찬론자가 되었다.

 "너무 신기해요. 아직까지 블로그로 신규 상담이 온 건 아니지만, 무언가 든든해요. 제대로 하나씩 쌓아간다는 생각이 드니 불안감도 조금씩 사라지고 있어요. 겨울을 나야 하는데 김장독에 김장 김치 100포기를 묻어 놓은 느낌이라고나 할까요?

그리고요, 지난번에는 학부모님 상담이 들어왔는데 제 입에서 술술 설명이 나오는 거에요. 상담도 자신감이 생겼어요. 그리고 곱씹어 볼수록 우리 학원의 교육, 너무 좋습니다! 학원 분위기도 너무 달라졌어요. 좋은 방향으로요!"

단지 블로그 글쓰기를 했을 뿐인데, 그사이 도지나 원장은 엄청난 변화를 보여주었다.

"본진이 잘 만들어지고 있군요! 무엇보다 원장님, 칭찬드리고 싶은 부분은 원장님이 블로그 글쓰기를 꾸준히 하고 계시다는 것, 그리고 결과에 대해 조급해 하지 않는다는 겁니다. 이 부분이 가장 어려울 텐데 너무나 잘하고 계십니다."

"블로그 글을 쓰면서 많이 반성했어요. 나는 어떤 사람인지, 어떤 교육을 하고 싶은지 등 이런 가치관도 정리되지 않은 상태로 '학원 한번 해볼까?'란 너무 안일한 생각으로 이 교육 비즈니스에 발을 담근 것 같았어요. 원장이 되고 나니, 강사일 때 가르치기만 했던 것과 학원 전반을 경영하는 것이 이렇게나 다르다는 걸 현장에서 깨져가며 배우고 있어요.

글로 내 생각, 내 가치관을 표현해 나가면서, 정돈하고 있다는 게 이렇게나 중요하고 큰 영향을 미칠 줄은 몰랐습니다. 영업용으로 저 대신 일하는 블로그를 만들려고 시작했는데, 하다 보니 제가 개조되고 있는 느낌입니다. 제 교육에 대한 확신이 가슴속 깊은 곳에서 뿜어져 나와서 땅에 떨어졌던 제 자존감도 회복 중이에요."

원장님의 이야기에 흐뭇한 웃음이 나왔다. 이 과정을 거친 다른 원장님들로부터도 공통적으로 듣는 이야기이기 때문이었다. 제대로 된 방향으로 잘 나아간다는 확신이 들었다.

"아, 그리고 한 가지 소식 더요! 새로운 강사님들도 점차 적응하고, 저도 무언가 정돈되어 가면서 새롭게 국어 과목을 런칭하려고 본격적으로 준비 중에 있어요. 제가 잘할 수 있는 것을 하려니 더 신나는 거 있죠?"

지난번 국어 과목에 대한 런칭 시점에 대해 고민하던 도지나 원장에게 너무 급하지 않게 시장의 반응을 살펴가면서 조심스레 시작하면 어떻겠냐는 조언을 했었다. 지금 도지나 원장에게 필요한 것은, 여전히 학원에 남아 있는 학생들과 학부모들에게 인정과 신뢰를 받는 것이다. 그들로 하여금 "역시, 이곳에 남아 있기를 잘했어!"라는 인정의 목소리가 절실했다. 도지나 원장은 지난 조언을 받아들이고는, 무작정국어 정규 과목을 런칭하기보다는 기존 고객 대상의 서비스 차원의 국어 문해력 특강으로 그 시작을 준비하고 있었다. 모든 것이 하나씩 맞춰져 가고 있었다.

이쯤이면 다음 단계로 나아가도 괜찮겠다는 생각에, 버거워할 것을 알면서도 블로그 본진 이후에 진행해야 할 다음 단계에 대해 설명을 이어갔다.

"원장님, 블로그는요, 본진일 뿐이에요. 본진만 갖추어도 엄청난 효과를 내는 분들이 있기는 합니다. 하지만 모든 사람이 그렇지는 않아요. 그렇다면 우리는 지금 상황에서 가용 가능한 모든 수단과 방법을 동원해야 합니다. 기억하시죠? 제가 첫날 이야기했던 블로그 속성이요. 블로그는 대표적인 인바운드 마케팅이죠. 즉 블로그는 고객이 먼저 검색을 하기까지 기다려야 합니다. 일단 검색으로 인해 고객과 연결되면 효과는 놀랍지만, 기다림의 연속이예요. 고객과 만나는 접점 부분에서는 매우 소극적인 마케팅이기도 합니다.

결과가 바로 나오지 않는다면 무작정 기다리기만 해야 할까요? 할 수만 있다면 내가 먼저 움직이기도 해야 합니다. 그래서 오늘은 블로그 외의 다양한 콘텐츠 마케팅 채널들을 소개해 드리려고 해요. 이를테면 당근마켓에도 원장님 학원을 소개하고 신규생을 유입할 수도 있어요."

"당근마켓은 중고거래 서비스 아닌가요? 여기서 신규생을 유입한다고요?"

"대부분 당근마켓을 중고거래 서비스라고 알고 있죠. 그런데 모든 서비스는 생물과 같아서 움직이며 진화해요. 예전에 알던 당근마켓이 아니에요. 지역 서비스 포털로 확장된 지 이미 오래되었습니다. 잠깐 당근마켓 앱을 켜보시겠어요? '과외/클래스'라는 카테고리 메뉴가 새로 생겼을 정도입니다. 발 빠른 원장님들은 이미 신규원생을 당근마켓으로도 영입하고 있어요."

"제가 이렇게 깜깜이로 살아왔군요. 당근마켓은 그중 하나일 뿐이겠죠? 아니 학원 원장은 어디까지 만능이 되어야 하는거죠?"

"하하하! 그러게요. 저는 온라인 마케팅 부분만 말씀드리는 건데, 그 외에 영역은 얼마나 방대할까요? 학원 원장은 아무래도 극한 직업인듯 해요. 사람과의 관계부터 시작해서 홍보 마케팅, 교육, 시설 관리, 끝도 없죠? 그래도 다들 해내시더라구요. 원장님도 하실 수 있습니다.

그럼 지금부터 새로운 콘텐츠 마케팅의 세상 이야기 들으실 준비되었나요? 한번 가 볼까요?"

적자생존(적는 자만이 생존한다)의 진리답게, 도지나 원장은 본인의 필기 노트를 펼치며 귀를 쫑긋했다.

인스타그램으로 동네방네 입소문내기

원장님들 사이에 인스타그램에 대한 관심이 점점 많아지고 있습니다. 왜일까요? 당연히 내 사업에 도움이 되기 때문입니다.

인스타그램을 통해 신규 원생을 모집하는 원장님들이 점점 늘어나고 있어요. 그 하나만으로도 원장님이 인스타그램을 해야 할 충분한 이유가 됩니다. 특히 유·초등 대상의 학원이라면 꼭 인스타그램을 하시기 바랍니다. 유초등 학부모님들이 인스타그램에서 많이 활동하기 때문입니다. 중고등 대상의 학원이라면 학생들과 소통하는 인스타그램 계정을 운영할 수 있습니다. 또한 인스타그램 광고는 사업주인 원장님이 적은 금액으로 쉽게 광고를 하면서 타겟 고객에게 접근할 수 있는 좋은 수단입니다.

> 히히히히. 감사해요 노벰버님 ^-^ 저 그그램 이후로 팔로워 150명 늘었어요. 블로그로 인한 유입 외에 인스타로도 유입이 되고 있어요 매일 블로그 톡톡으로 수업신청오다가 인스타 DM으로 오니 기분이 또 남다르네요. 피드컨셉의 통일성+일상과 정보 적절하게 조절해서 운영하고 있어요. 항상 감사합니다. ^-^ "그그램" 폴더 만들어서 매일 사진 정리해서 올리고 있어요. 10월에도 매일, 11월에도 매일해서 벌써 두달이 되었어요.

인스타그램 코칭 중 원장님으로부터 받은 인스타그램 메시지 학원 인스타그램을 운영하기 전, 5가지 팁을 안내 드립니다.

개인 계정의 탈을 쓴 학원 홍보용 계정으로 시작하기

작은 학원을 기준으로 드리는 제 의견입니다. 50~100명 가량의 1인 운영 학원이라면 공식 학원 계정보다는 개인 계정의 탈을 쓴 학원 홍보용 계정을 만들 수도 있습니다.

'내(나)'가 브랜딩된 학원 홍보용 개인 계정을 말씀드리는 거예요. 더 친절히 예를 들어 말씀드리면 '학원 원장이자, 영어 전공자이자, 7세 아들의 엄마인 나의 일상을 올리는 계정'입니다. 공식 계정의 경우 딱딱하게 느껴져 소통하는 데 한계가 있습니다. 반면 개인 계정으로 시작한다면 고객에게 좀더 친근하게 다가설 수 있습니다. 그러나 진짜 개인 계정은 내 사생활이 노출되는 것이 조심스럽습니다. 따라서 개인 계정을 가장한 학원 홍보용 계정을 만들어, 개인 사생활의 일부만을 조심스럽게 노출하면서 내 학원 홍보에 활용할 수 있습니다.

인스타그램 콘셉트 잡기

콘셉트를 잡기 전에 스스로 다음의 질문을 해 보시기 바랍니다.

👍 홍보를 위해 누구랑 소통하고 싶은가? *(누가 나를 팔로잉했으면 하는가?)*

👍 나*(내 인스타 계정)*는 어떻게 보여지기를 원하는가?

👍 어떤 콘텐츠로 채워야 내 정체성을 드러내면서 팔로워를 늘릴
수 있을까?

이런 콘셉트가 먼저 정해져야 차별화되면서도 지속적인 피드 발행이 가능하며, 내 타겟에게 도움이 되거나 공감을 불러일으키는 콘텐츠를 만들 수 있어요.

3초 안에 전달되는 프로필 세팅법

인스타그램에서 내가 궁금해서 내 프로필을 찾아온 사람들에게 3초 안에 이미지를 심어주어야 합니다. 프로필 소개 탭에서 아래 3가지는 꼭 알려주셔야 합니다.

1 학원이 있는 지역 : 오프라인에서 수업을 진행하는 학원의 경우에는 자세한 주소까지는 아니더라도 ○○동 정도는 알려주세요.

2 내가 가르치는 과목 & 수강생의 연령층 : 원장님이 가르치는 과목, 수강생들의 나이를 한눈에 들어오게 하지만 너무 딱딱하지 않게 적어주세요.

3 내 학원의 콘셉트 : 내 학원을 표현할 수 있는 말을 한 줄로 적어 주세요. "열정과 사랑으로 가르칩니다."와 같은 상투적인 단어보다 교육관을 나타낼 수 있는 직접적인 표현이나 상대가 듣고 싶은 이야기로 서술해 주시면 좋습니다. 예를 들어 "신규생 불러오게 해주는 강의하는 마케터입니다."라고 저는 프로필에 써놓았습니다.

이렇게 3가지를 잘 적어 주셨다면 보기 좋게 잘 편집해 주시면 됩니다.

팔로워 수를 증가시키려면 어떤 콘텐츠를 올려야 할까?

사람들이 좋아하고 보고 싶어 하는 그런 피드로 채우시면 됩니다. 내 콘텐츠를 가지고 잠재 고객과 소통되기를 원한다면 내 독자에게 재미를 주거나 유익해야 합니다. 저 역시도 원장님들에게 필요한 정보성 콘텐츠 위주로 올리고 있어요. 하지만 이런 콘텐츠를 올리기 위해서는 시간과 노력이 필요합니다. 내 타겟들이 무엇을 원하는지도 정확히 파악하고, 그에 맞는 정보를 찾고, 카드 뉴스로 콘텐츠를 만들어내는 노력이 필요합니다.

당연히 홍보 글도 올리셔야 합니다. 유익한 정보성 글을 올리는 이유는 궁극적으로 홍보성 글을 올리기 위한 전초라고 생각하시면 됩니다.

피드의 숨통을 틔우는 일상 콘텐츠도 괜찮습니다. 사람들에게 도움이 되고 유익한 콘텐츠로 채우겠다고 정보성 콘텐츠만으로 빽빽하게 올렸다면? 만일 그렇다면 내 밥상 위에 고기 반찬만 있는 것과 비슷해요. 가끔 좋은 거, 예쁜 거, 함께 나누고 싶은 거 같이 올려주셔도 됩니다.

인스타그램은 결국은 소통이 정답

인스타그램은 나의 활동을 추적하여 내가 더 친밀하게 여기는 사람과 관심 있어 하는 콘텐츠를 추천하여 보여줍니다. 따라서 내가 소통하고 활동을 해야 내가 가깝게 지내고 싶은 타겟 고객에게도 내 피드가 노출됩니다.

내 타겟 고객의 피드에 '좋아요'를 눌러주세요! 어린이들 사진과 영상에 '좋아요'를 누른다면, 내 학원 계정에는 지속해서 어린이들의 사진이 뜰 겁니다. 내 타겟에 점점 다가갈 수 있어요. 내 타겟과 비슷한 사람들의 사진에 지속적으로 '좋아요'를 눌러 주셔야 합니다.

내 타겟 같아 보이는 사람들을 팔로우하세요! 고학년 대상의 학원인 경우 우리 학원 재원생들을 팔로우하거나, 재원생들이 학원 계

정을 팔로우한다면 어떨까요? 재원생 친구의 친구에게까지 내 피드
가 퍼져나갈 수 있습니다. '필요한 사람들은 나를 팔로우하겠지.'라
는 생각보다는 적극적으로 내 타겟을 찾는다는 느낌으로 먼저 내 타
겟들을 팔로우하세요.

　　인스타그램 자체만으로도 이미 많은 책들이 있습니다. 그만큼
방대한 내용이에요. 꼭 미리 알면 좋을 내용만 정리해 드렸습니다.
인스타그램을 꼭 해야 한다는 마음가짐만 가지시고 실제 실행해 가
면서 내 인스타를 키우셨으면 좋겠습니다.

　　인스타그램 앱의 사용법에 대해서는 그래서노
벰버 유튜브의 〈하루5분 인스타 왕초보 탈출〉 시
리즈 동영상을 통해 배우실 수 있습니다.

네이버 온라인 카페로 동네방네 입소문내기

이미 네이버 온라인 카페를 통해 내 학원 홍보를 하고 계시다면 원장님은 고수이십니다.

원장님이 활용할 수 있는 네이버 카페는 지역 맘카페, 지역 주민 카페, 대규모 아파트단지 내 혹은 인근에 위치해 있다면 해당 아파트 입주민 카페를 우선 고려해 볼 수 있습니다.

카페에 홍보를 꼭 해야 한다는 것은 아닙니다. 하지만 내 학원 홍보에 도움이 되는 것이라면 시도한 후에 나와 합이 맞는지 아닌지를 확인해야 합니다. 해 보지 않고는 그 결과나 효과를 알 수 없습니다. 홍보 시도 후 생각 이상의 좋은 결과가 나온다면 비용을 지출해서라도 유료 홍보를 지속해야 할 것이며, 효과가 별로라면 그냥 중단할지, 효과가 나지 않는 이유를 파악한 다음 개선하여 다시 실행할지 결정해야 할 겁니다. 최상의 효과를 위해 시도해 보고, 정말 총력을 다해 홍보를 해야 할 순간이 온다면 이렇게 미리 시도했던 다양한 매체 중에서 취사선택하여 가장 최적의 방법을 실행해야 합니다.

온라인 카페들의 홍보 기회 제공 유형

온라인 카페들마다 운영자의 방향성 그리고 카페의 규모에 따라 상업적 홍보 방법에 대한 응대가 모두 다릅니다. 제가 경험했던 유형을 공유해 드리겠습니다.

1. 상업화가 되어 회사처럼 체계화된 대형 온라인 카페

오히려 체계적으로 접근이 가능해 더 편할 수 있습니다. 예를 들어 공지 사항에 일주일 1건 올려주는 데 20만 원, 나만의 학원용 홍보 카테고리를 열고 주 3회 홍보글을 올릴 수 있도록 하는데 월 50만 원, 이런 식으로 가격이 책정되어 있어요. 사업자등록증도 신고되어 있어 세금계산서도 발행해 줍니다.

담당자를 통해 혹시 유료 홍보 수단이 있는지를 파악 후 진행하면 됩니다.

2. 아직 체계화되지 않은 성장 중인 카페

맘카페의 경우 정보 교류를 목적으로 만들었는데 운영하다 보니 카페가 성장하고 생각치 못한 수익화의 기회를 얻게 되는 경우도 있

습니다. 혹은 카페를 성장시키고 싶으나 아직까지 기대 이상의 성과를 못 누리고 있어 많은 시도를 하는 카페도 있습니다. 이런 맘카페의 경우 카페 운영자나 담당자의 재량이 많이 발휘되기도 합니다. 해당 맘카페만을 위해 특별한 제안을 해 보는 것도 방법입니다.

예를 들어 유아 대상의 놀이식 영어 수업을 하는 학원이라면, 해당 카페 회원만을 대상으로 특별한 단독 체험 수업을 오픈해 주는 겁니다.

3. 무료 홍보를 허용해 주는 카페

카페는 많은 사람들이 이용해야 성장합니다. 누군가는 글을 써야 하고, 그래야 사람들이 그 글을 보기 위해 모입니다. 광고성 글들도 누구에게는 정보성 글이 될 수 있기도 하고요. 그래서 일부 온라인 카페들은 무료로 카페에 홍보성 공지 글을 올리는 것을 허용하고 있습니다.

예를 들어 주 1회에 한해 무료로 개별 홍보 글을 올릴 수 있도록 허용하는 겁니다. 내 지역에 이런 유용한 온라인 카페가 있다면, 기회를 놓치지 말고 꼭 활용하시기 바랍니다.

4. 홍보가 전혀 허락되지 않는 카페

유료 홍보마저도 완전 금지하고 있는 온라인 카페도 있습니다.

그렇다면 그 카페 말고 다른 카페를 찾는 수밖에 없습니다. 하지만 유료 홍보로 수익 활동을 하지 않으면서 회원 수를 엄청나게 보유하고 있는 맘카페 혹은 지역카페라면, 그 홍보 효과가 엄청날 겁니다. 많은 사람들이 찐 정보를 교류하는 것은 물론이고요. 이런 카페에서는 실제 해당 카페의 회원으로 활동하면서 모니터링하시기 바랍니다.

요즘 어떤 학원들이 언급되는지, 엄마들이 어떤 부분들을 궁금해하는지 확인할 수 있습니다. 때마침 근처로 이사온 학부모가 아이 학원 걱정을 하며 정보를 문의한다면, 슬쩍 쪽지로 안내할 수도 있습니다. 이때는 만일 학원 네이버 아이디로 컨택한다면 학원 홍보를 위한 광고성 내용보다는 해당 친구에게 도움이 되는 정보성 블로그 링크를 주는 방식으로 부담없이 연락을 취할 수 있습니다. 혹은 학원 아이디가 아니라 다른 네이버 아이디를 생성해 해당 온라인 카페에 활동하면서 학원 안내를 해 줄 수도 있습니다.

참고

네이버에서는 총 3개의 아이디를 만들 수 있습니다. 내 학원 운영을 위한 네이버 아이디 계정 외에 또 다른 부계정을 만들어 온라인 카페에서 활동할 수도 있습니다. 이때 전화번호만 노출되지 않는다면, 내 학원 네이버 아이디와 새로 만든 부계정 네이버 아이디가 동일인이라는 것은 어느 누구도 모릅니다.

네이버 온라인 카페는 내 지역 고객을 만날 수 있다는 장점도 있지만, 내 블로그 외에도 카페에 올린 내 포스팅을 통해 키워드 검색 상위 노출이 될 수 있는 기회도 추가로 있다는 것입니다.

네이버 검색 결과를 보면 'VIEW'라는 메뉴에 블로그 글과 카페 글이 함께 섞여 안내되는 것을 볼 수 있을 겁니다. 과거에는 블로그의 검색 결과와 카페의 검색 결과가 분리되었으나, 네이버는 이를 통합해 VIEW라는 메뉴로 제공하고 있습니다. 그 이유는 검색자 편의를 위해서입니다. 검색자는 원하는 검색 결과가 블로그에서 나오든 카페에서 나오든 상관이 없는데, 둘의 메뉴가 분리되어 있다면 두 번을 따로 검색해야 하는 번거로움이 있으니까요.

만일 내가 목동에서 영어 학원을 하고 있다면 '목동 영어학원'이라는 키워드를 살려 해당 카페에 글을 쓴다면 내 블로그 글뿐 아니라 해당 카페의 포스팅을 통해서도 내 잠재 고객에게 내 글이 노출될 수 있습니다.

당근마켓에서 내 학원 홍보하기

무슨 당근마켓에 내 학원을 홍보하냐고요? 제가 운영 중인 온라인 마케팅 코칭 과정 중에는 당근마켓에 내 학원 홍보 콘텐츠를 올

리는 내용이 있습니다. 하지만 '나는 싫다'며 실행을 안 하시는 원장님도 계십니다. 당근마켓이 주는 가벼운 느낌이 학원 브랜드와 어울리지 않는다고 판단한 경우입니다.

당근마켓의 명칭은 '당신의 근처'에서 딴 것으로, 지역 중심의 중고거래 활성화에 엄청난 파급력을 불러왔습니다. 마치 아마존이 온라인 서점으로 시작했지만 현재 글로벌 셀러 마켓으로 성장한 것처럼, 현

재의 당근마켓은 단지 중고 거래를 넘어서 다양한 서비스 판매 및 홍보 영역으로 확장해 가고 있습니다. 만일 내 학원이 지역 기반의 오프라인 학원이라면 당근마켓에 무조건 원장님의 학원 홍보를 하시기 바랍니다.

당근마켓에는 무료로 내 학원 홍보를 올릴 수 있을 뿐 아니라 지역 광고 기능을 활용해 저렴한 비용으로 광고도 진행할 수 있습니다. 아래는 지역 광고를 통해 상단 노출되어 많은 반응을 일어낸 케이스입니다.

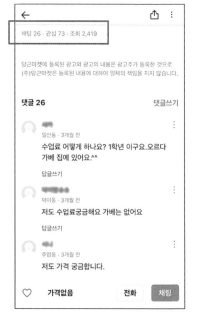

광고 비용 역시 소상공인에 맞게 저렴하게 책정되어 있습니다. 아래는 실제 당근마켓에서 광고를 실행했던 원장님의 메시지입니다.

"공부방 인근의 가까운 바운더리로 일주일에 25,000원 냈고요. 4일째인데 2,000~3,000명에게 도달하고, 180명이 클릭하고 15명한테서 전화가 왔어요. 여기서도 블로그 링크가 아주 큰 역할을 한 것 같아요."

이처럼 당근마켓에서의 학원 홍보 효과가 점차 알려지면서 점점 더 많은 원장님들이 당근마켓을 홍보 채널로 활용하고 있습니다. 저는 코칭을 받는 원장님들에게 무조건 당근마켓을 하시기를 추천 드리는데, 그 이유는 블로그나 인스타와 같이 지속적인 콘텐츠 생산이라는 수고스러움이 없기 때문입니다. 학원 홍보 콘텐츠를 올린 이후부터는 내게 알림이 온 댓글만 관리하면 되는 수준입니다. 여기에 추가 광고비용만 지불한다면 고객에게 도달할 확률도 더 커집니다.

한 가지 명심할 사항이 있습니다. 당근마켓에서의 노출은 여러분에게 반짝 관심을 갖게 만들 수 있습니다. 하지만 이것만으로 고객의 신뢰를 얻기는 부족합니다. 당근마켓으로 효과를 본 원장님들은 모두 당근마켓을 활용해 고객의 눈길을 끌고, 미리 잘 정비된 내 학원 블로그로 유도해 등록이라는 전환까지 성공하셨습니다. 콘텐츠 본진인 블로그 포트폴리오를 꼭 먼저 만드시기 바랍니다.

당근마켓에 내 학원 등록하기 안내

1. 사전 기획하기

- 우리 동네 과외 및 클래스 모집 10개 살펴보기

- 벤치마킹할 게시글 2개 선정하기

- 홍보용으로 올릴 사진 파일 10장 준비하기

2. 내 학원 등록하기

앱 하단의 [글쓰기] 메뉴를 클릭한 후에 동네홍보를 선택해 안내에 따라 콘텐츠를 채워 주시면 어려움 없이 홍보 글쓰기 등록을 완료할 수 있습니다.

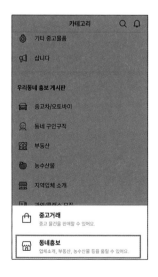

PDF 소책자로 고객이 먼저 다가오게 하기

PDF 소책자를 잘만 활용하면 내 학원의 브랜딩뿐만 아니라 잠 재 고객의 DB까지 확보하는 효과를 누릴 수 있습니다. PDF 소책 자를 통해 자신의 지식을 판매하거나 홍보하는 사람들이 점점 늘고 있습니다. 따로 ISBN 등록을 하거나 실물 책으로 프린트하지 않고, 쉽게 온라인상에서 배포가 가능하다는 장점이 있습니다.

카페 가입 시	홈페이지 가입 시	카카오톡 채널 추가 시

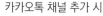

그래서노벰버의 고객 유입을 위한 소책자 활용 사례

예를 들면 저는 〈수강생 모으기 막막할 때 도움서〉라는 PDF 소책자를 만들어 제공하고 있습니다. 그래서노벰버의 카카오톡 채널을 친구추가 시 제공해 주는 책자입니다. 무료임에도 불구하고 유료급 정보가 담겨져 있기에 고객들은 대부분 카카오톡 채널 추가(친구추가)를 진행합니다. 저는 제 잠재 고객인 원장님들과 소통할 수 있는 카톡 연결 고리를 만들었을 뿐 아니라 제공해 준 PDF 소책자를 통해 저의 브랜딩할 수 있는 일석이조의 효과를 누릴 수 있습니다.

이처럼 학원 원장님들 역시 사람들의 관심을 끌 수 있는 PDF 소책자를 기획해 발행할 수 있습니다. 홍보를 위한 배포용 소책자는 내 고객이 궁금해 할 주제로 작성해야 합니다. 그래야 내가 원하는 고객들에게 내가 알려질 수 있습니다. 잠재 고객의 DB를 획득하기 위한 유능한 영업 사원 역할을 하는 소책자를 만들려면 정확한 타겟팅과 기획이 필요합니다.

다음의 10개 단계를 따라서 준비해 보세요.

소책자 주제 정하기

소책자를 제공할 타겟을 고려하여 내가 잘 아는 주제로 잡아야 합니다. 더불어 홍보가 목적이므로 고객이 궁금해 할 주제로 잡아야 합니다. 노하우나 경험, 지식 전달과 같은 정보성 책자와 흩어진 정보를 모아서 제공하는 정보 큐레이션형이 있습니다. 유형을 결정한 후 해당 주제를 뒷받침해 줄 수 있는 소스들을 찾아 재료를 준비해야 합니다.

소책자 목차 쓰기

목차를 미리 작성하면 흩어진 생각을 정리할 수 있으며 내용을 빨리 작성할 수 있습니다. 목차 작성을 위한 프로그램을 다음과 같이 소개해 드립니다. 나에게 맞는 프로그램을 활용해 보세요.

- 트랜스노 : https://transno.com
- 워크플로위 : https://workflowy.com
- 씽크와이즈 프로그램 : https://thinkwise.co.kr
- 엑셀 프로그램

초안 작성하기

소책자 작성에 너무 많은 공을 들인다면 지속할 수 없습니다. 소책자는 홍보를 위해 무료로 배포하는 책으로 처음 시작하는 시점에서는 스피드가 중요합니다. 먼저 빠르게 작성한 후 점차 고도화하며 수정 작업을 할 수 있습니다. 사진, 이미지, 콘텐츠 등 불특정 다수에게 배포할 소책자이므로 저작권에 특히 신경 써서 쓰셔야 합니다.

내용 검수/정보 확인/편집

쉽게 읽히는 짧은 문장으로 작성되었는지를 확인한 다음 수정을 하세요. 부정적인 단어 사용은 최대한 줄이고 긍정적인 표현을 해 주시는 것이 좋습니다. 외부에서 수집한 정보가 있으면 반드시 레퍼런스를 확인한 후 넣어주세요.

편집도 중요합니다. 대부분 핸드폰으로 읽을 확률이 높습니다. 본문 폰트는 16pt 정도로 크게 해 주세요.

잠재 고객 DB 확보를 위한 후킹 요소

홍보용 책자는 잠재 고객의 DB 확보 목적이 첫 번째입니다. DB를 제공해 준 사람들을 대상으로 해당 소책자를 제공하는 것도 방법입니다. 혹은 소책자를 조건 없이 제공해 주되 읽을 사람들을 대상으로 DB를 획득할 수 있는 후킹 요소를 넣을 수도 있습니다. 예를 들어 소책자 맨 끝에 더 중요한 정보를 준다거나 상담을 해드릴테니 연락처를 남기라는 식입니다. 내가 주는 정보가 가치가 있다면, 사람들은 자신의 정보를 남기는 성향이 있습니다.

소책자를 읽었다고 해서 바로 등록으로 연결되지 않습니다. 소책자를 읽은 고객이 연락처를 주게만 만들어도 큰 성공입니다. 그리고 점차 내편으로 만들면 됩니다.

눈길이 가는 제목 뽑기

결국 제목을 보고 사람들은 1차적으로 관심을 갖습니다. 제목은 매우 중요합니다. 팁, 노하우, 비밀, 비법과 같은 단어들은 사람들을 집중하게 만듭니다. 또한 숫자가 들어가도 사람들이 주목합니다. 명확한 타겟을 명시하면 불특정 다수가 아닌 바로 나와 관련된 이야기라 생각하고 더 관심을 갖기도 합니다.

표지 제작하기

스스로 책 커버를 제작할 수 있는 툴이 많이 나오고 있습니다.
- 미리캔버스 https://www.miricanvas.com
- 캔바 https://www.canva.com/ko_kr
- 망고보드 https://www.mangoboard.net
미리캔버스의 경우 유료급의 서비스를 무료로 제공하고 있어 많은 분들이 활용하고 있습니다*(2022년 2월 기준)*.

2D 이미지를 넣어 3D 커버를 만들 수 있는 사이트도 있습니다. https://diybookcovers.com/3Dmockups

소책자 홍보를 위한 랜딩 페이지를 만들 때 유용하게 활용하실 수 있습니다.

소책자 배포하기

직접 운영하는 SNS 채널이 있다면 매우 유용합니다. 블로그, 인스타그램, 홈페이지, 문자 발송 등에서 시작하여 단톡방, 관련 카페 등 다양한 곳을 통해 배포할 수 있습니다. 배포하기로 마음먹었다면 가능한 모든 방법을 동원해야 합니다. 인스타그램 광고도 실행해 보세요.

소책자의 배포 조건은 정하기 나름입니다. 불특정 다수에게 조

건 없이 무료로 배포해도 되지만, 내 잠재
고객이 최소한의 노력으로 자료를 받을 수
있게끔 배포 이벤트를 설계하면 좋습니다.
예를 들면 인스타그램 리그램 혹은 블로그
공유, 내가 운영하는 카페 가입이나 내 카
카오톡 채널 추가 등의 조건을 내세울 수
있습니다.

이러한 조건들을 결정한 후 배포 안내
글, 즉 랜딩 페이지를 작성해 주세요. 정말
도움이 되는 자료라고 생각되도록, 그리고
PDF 소책자의 타겟이 잘 드러나도록 써 주
셔야 합니다.

그래서노벰버 소책자 코칭 과정에
참여하신 원장님의 결과물

아래의 사항을 잘 점검하여 쓰시기 바랍니다.

- 배포하는 채널의 성격에 맞게

- 정말 도움되는 자료라고 생각되도록

- PDF를 받아야 하는 타겟이 잘 드러나도록

- 내 소개를 넣을 것

- 정말 받고 싶도록(중요한 내용 & 받고 싶도록 만드는 요소를 가장 처음에 배치)

- 목차를 적극 활용

- PDF 소책자 받는 방법에 대한 안내 넣기

배포 후 피드백

배포했다고 해서 끝난 것이 아닙니다. 잠재 고객들이 얼마나 PDF를 받아가는지 확인하여야 다음 소책자 제작 및 배포 프로젝트를 더욱 완벽하게 할 수 있습니다. 예를 들어 소책자를 받아간 후 내가 원하는 행동으로 얼마나 이어졌는지를 모니터링해야 합니다. 만약 소책자를 잘 받아가지 않는다면, 그 이유를 분석하고 수정해 나가며 사람들의 반응을 이끌어 나가야 합니다.

아래는 실제 제 소책자 코칭 과정을 통해 만든 원장님들의 작품입니다.

You Tube

유튜브 할까 말까?

    내 교육이 전국구 대상이라면 유튜브는 꼭 하시기 바랍니다. 하지만 지역 내에서의 마케팅을 위한 것이라면, 유튜브 시작 전에 시간과 노력 대비 내가 얻을 수 있는 결과를 먼저 고민해 보고 진행 여부를 결정하세요. 일반 학부모나 학생의 경우 지역 내에 있는 학원을 검색하기 위해 유튜브를 활용하는 비율은 크지 않기 때문입니다. 하지만 블로그나 인스타그램을 통해 유입된 잠재 고객에게도 유튜브 영상은 내 학원과 내 교육을 각인시키고 신뢰도를 얻기 위한 훌륭한 수단임에는 틀림없습니다.

    요즘 같은 시대에 영상만큼 강력한 매체는 없을 겁니다. 글, 사진, 영상 그 자체의 매력과 파워가 있지만 영상은 그중에서도 가장 강력합니다. 유튜브 광고를 통해 수익을 내기 위한 목적이라면 쉽지는 않습니다. 많은 것들을 포기하고 초반에 많은 시간과 노력을 투자하셔야 할 거예요.

저는 유튜브를 수익 목적으로 시작하지 않았습니다. 철저하게 타겟 고객인 원장님들을 대상으로 서비스 관점에서 영상을 만들기 시작했어요. 이렇게 만든 유튜브는 저를 브랜딩할 수 있게 도와줄 뿐 아니라 영상 매체로도 콘텐츠 마케팅을 할 수 있는 기반을 마련해 주었습니다.

블로그에서의 포스팅 포트폴리오를 만든 것과 같이 유튜브를 통해서도 나의 교육과 내 전문성을 알리는 영상 콘텐츠로 포트폴리오를 만들 수 있습니다. 유튜브를 하기로 마음먹었다면 초보에게 도움이 될 내용들을 안내해 드리겠습니다.

일단 장비와 편집에 대한 부담을 버리고 시작하세요.

1. 최소한의 장비 : 스마트폰 / 마이크*(PM100 by TSG)* / 삼각대 *(다이소)*

스마트폰의 카메라만으로도 충분합니다. 이때 마이크는 구매하시는 것이 좋습니다. 마이크 가격은 1만 원부터 수십~수백만 원까지 다양합니다. 저는 첫 시작에는 1만5천 원짜리 저렴한 마이크를 사용했고 성능도 만족스러웠습니다. 스마트폰에 사용 가능한 마이크인지 꼭 확인하세요.

삼각대도 필요합니다. 다이소에서 판매하는 것을 사용해도 되며, 온라인 쇼핑 사이트에서 적당한 것을 구매해 사용하셔도 됩니다.

저는 Zoom의 강의 녹화 기능을 활용하여 촬영을 하기도 합니다. 노트북에 있는 화상 카메라가 자동으로 녹화에 활용됩니다. Zoom 프로그램을 촬영으로 활용한 이유는, 별도의 웹캠이나 프로그램 설치 없이도 노트북으로 Zoom 강의실을 열어 녹화해서 바로 촬영이 가능했기 때문입니다. 또한 웹캠을 활용하여 촬영된 영상 파일 크기가 스마트폰으로 촬영한 영상의 크기보다 용량이 작아서 편집하기가 더 수월했기 때문입니다. 또한 제 얼굴 표정을 노트북상에서의 커다란 화면으로 확인해 가면서 촬영이 가능했습니다. 다만 스마트폰 촬영 대비 영상의 해상도가 낮은 것은 감안하셔야 합니다.

2. 키네마스터 / 샷컷

영상 편집을 위해 초기 프리미어 프로를 사용했지만, 지금은 샷컷(shotcut)이라고 하는 PC 무료 영상 편집 프로그램을 사용합니다.

키네마스터는 모바일로 하는 편집 앱입니다. 초등학생용 편집 프로그램이라는 이야기가 있을 정도로 사용법이 쉽습니다. 편집에 너무 욕심을 부리지 마시고 키네마스터와 같은 모바일 앱을 활용해 최소한의 편집으로 시작하세요. 그리고 영상 제작에 재미를 붙이고 열정이 생긴다면 그때 좀더 전문적인 샷컷과 같은 프로그램으로 편집하기를 시도해 보세요.

유튜브 콘셉트 잡기

1 구독자 상상하기 : 구체적으로 상상하시면 좋습니다. 나이, 성별, 지역, 관심사를 넘어서 실제 특정 인물을 상상하며, 누구를 위해 이 유튜브 영상을 만들지를 먼저 정하세요.

2 채널명 : 6자 이내의 한글 이름으로, 검색 시 흔하지 않은 이름으로 정해 주는 게 좋습니다.

3 영상 콘텐츠 : 하고 싶은 말이 아니라 사람들이 듣고 싶은 내용은 무엇일까를 고민하며 10개의 영상 콘텐츠 주제를 먼저 잡아 보세요. 구독이 목적이기보다는 내 학원에 관심 있는 사람들을 대상으로 한 영상을 제작하기 원한다면, 내 상담 시간을 줄여주고 내 학원 교육을 이해시켜줄 수 있는 내용으로 기획하시면 됩니다.

4 벤치마킹하기 : 내가 목적으로 하는 유튜브 채널과 가장 유사한 유튜브 채널을 찾아 벤치마킹해 보세요.

5 채널아트 꾸미기 : 구글에 유튜브 아이디를 만든 후 먼저 채널아트를 꾸며보세요. 채널아트는 유튜브 채널에서 상단에 보이는 일종의 대문 이미지입니다. '미리캔버스'와 같은 서비스에서는 유튜브 채널아트를 쉽게 제작할 수 있도록 이미 많은 샘플을 제공하고 있습니다.

기대를 버리고 힘을 빼야 시작할 수 있습니다.

영상 작업은 생각 이상으로 많은 시간이 소요됩니다. 기획·촬영·편집·운영 이 모든 것들에는 손품이 들어가기 때문입니다. 처음부터 너무 거창하게 하거나 기대를 한다면, 몇 개의 영상을 만들기도 전에 포기할 수도 있습니다. 여러분에게 필요한 건 기대를 버리고 힘빼기입니다. 그래야 지속적으로 영상을 만들어 발행할 수 있습니다.

또한 시간과 에너지를 미리 확보하세요. 강제적인 요소를 마련하는 것도 방법입니다. 혹은 내 일상의 루틴에서 유튜브 제작을 위한 시간을 따로 할애해 진행하는 것도 좋습니다.

제목과 썸네일이 9할의 역할을 합니다.

영상을 촬영하고 편집한 이후에도 수반되는 작업들이 있습니다. 그중 중요한 것이 영상 제목과 미리보기 이미지인 썸네일 만들기입니다. 제목과 썸네일은 사람들이 해당 영상을 볼지 말지 결정하게 하는 가장 중요한 요소입니다.

제목은 사람들의 호기심을 자극하여 영상을 보고 싶게 만들 뿐 아니라, 검색 키워드에 노출되도록 하는 중요하게 여기는 단어를 포함하는 게 좋습니다. 썸네일의 경우 실제 유튜브상에서 어떤 썸네일을 클릭해보고 싶은지 직접 살펴보시고 먼저 감을 잡으세요. 가장 빨리 성장하는 방법은 벤치마킹입니다.

유튜브를 운영해 본 결과 블로그와 인스타와 가장 큰 차이점 하나를 느꼈습니다. 바로 콘텐츠가 오래 간다는 겁니다. 블로그의 경우 게재 날짜가 오래된 경우 최신성에서 떨어서 상위 노출에서 점점 밀려납니다. 인스타그램의 경우 과거의 피드들은 흩날리게 되구요. 하지만 유튜브의 경우 영상이 좋고 사람들의 호응을 일으키는 내용이라면 몇 달, 혹은 몇 년이 지나도 노출시켜 줍니다. 즉 콘텐츠의 수명이 오래갑니다. 유튜브를 하고 내 사업에 도움이 될 영상들을 구비해 놓는다면 마음 든든하실 겁니다.

(잠깐!)

교육청의 홍보 가이드

교육청의 관리 감독을 받고 있는 면세사업자인 원장님이시라면, 블로그를 비롯한 SNS 혹은 홍보 자료를 만드실 때에는 교육청 가이드를 따라야 합니다. 교육청 방침에 따르면 광고 및 홍보를 할 때 다음의 3가지를 꼭 기입해야 합니다.

① 학원 등록번호

② 교습 과목

③ 교육비

■ 가이드라인 적용 범위

○ **(광고범위)** 학습자를 모집할 목적으로 <u>인쇄물·인터넷 등</u>을 통하여 광고하는 경우

- 인쇄물·인터넷 등에는 "신문, 정기간행물, 전단, 팸플릿, 포스터, 인터넷(인터넷신문, 홈페이지, 블로그, 카페, SNS 포함)"이 포함

- 다만, 판촉물(볼펜, 부채, 메모지 등), 현수막 활용 광고 시 교습비등이 적시 의무는 제외, 거짓·과대광고 사항만 지도·점검 대상으로 함

○ **(적용대상)** <u>학원, 교습소, 개인과외교습자</u>

이를 위반하면 벌금이 있습니다. 원장님 한 분께서 학원비를 미게 재하였다가 벌금을 낸 경우가 있습니다.

조심해서 나쁠 것은 없지만 포스팅마다 교육비 노출을 해야 하나 하며 탐탁치 않을 수도 있습니다. 그래서 교습비를 포스팅에 써놔야 하나, 말아야 하나 고민이 앞서겠죠? 교육청의 업무도 사람이 하므로 교육청마다 단속의 기준이 조금씩 다르기도 합니다. 프랜차이즈 본사 근무 당시의 경험을 보면, 같은 경우에 대해 이 교육청은 괜찮은데 저 교육청에서는 안 된다고 하는 경우도 있었어요. 교육청 역시 사람의 성향이나 운영의 기조가 있어서 그런가 봅니다.

원장님 나름대로 방향을 정해서 포스팅별 정보 게재 수위에 대해 대처해 주세요. 교육청에 직접 문의하면 괜히 긁어 부스럼 만드는 것 같아 문의하기가 껄끄러운 경우가 있습니다. 그럴 때에는 이런 방법을 써보세요.

"저, 교습소 오픈을 조만간 예정하고 있어서 미리 블로그를 통해 홍보하려고 해요. 아직 신고는 안 했고요. 그런데 누가 그러던데 블로 그 글마다 교습비를 다 적어야 하나요?"

나를 노출시키지 않으면서 분위기 파악이 가능할 거에요. 하지만 공무원들은 보수적이어서 원칙적인 답변을 주는 경우가 대부분일 겁니다.

'나는 벌금보다도 교습비 노출이 싫다!'는 원장님들은 해당 교육청 가이드는 무시하고 해당 정보 노출 없이 블로그 홍보를 하시는 분들도 계십니다. 하지만 적어도 대놓고 학원생 모집을 하는 글에는 교습비를 기재하는게 좋겠죠?

제5장

내 시간을 벌어주는
마케팅 도구들

이 장에서는 카카오톡 채널, 온라인 상담폼, 부재 중 문자 자동화, 이메일 강의 자동화 세팅, 학원 홈페이지 제작 등 마케팅과 홍보에 활용할 수 있는 여러 도구들을 소개합니다.

다섯 번째 만남 :
응답하라, 콘텐츠 마케팅

다시 만난 도지나 원장의 얼굴이 심상치 않았다. 눈밑 다크서클까지. '무슨 일이 있었던 걸까?' 의아했다. 혹시나 학원에 별일이 생겼는지 걱정까지 되었다. 분위기를 살려보고자 최대한 밝게 웃으며 인사를 건넸다.

"원장님. 안녕하세요! 하하하!"

"왜 그러셨어요? 왜 제 앞에 그렇게 늦게 나타나셨어요! 제가 학원 인수하기 전에만 만났어도 이런 개고생은 덜 했을텐데! 저, 드디어 지난 주에 블로그로 신규 상담이 들어왔어요! 흑…. 너무 감격스러워요. 바로 등록까지 했어요.

아니, 상담도 필요 없는 것 있죠? 내가 뭐하나 설명하려고 하면,

'아… 그거요? 알아요!' 하며 응대를 하는데, 이런 기분 처음이에요. 너무 신기해서 놀랐어요. 지금 이게 블로그 먼저 시작했던 다른 원장들이 이미 누리고 있는 세상이라는 거 아니에요. 뒤늦게 알아서 너무 한탄스러워요."

도 원장의 이야기에 안도의 한숨과 함께 헛웃음까지 나왔다.

"원장님! 저를 이렇게 놀리시면 어쩌십니까? 원장님 표정이 심각해서 속으로 걱정했잖아요. 무언가 잘 돌아가는 듯한데, 그 얼굴에 눈밑 다크써클은 무엇인가요?"

"아~ 제가 너무 감격스러워서, 지난 밤 블로그 글을 3개나 연속으로 작성하고 포스팅을 했더니만, 바로 다크써클이 찾아오네요. 잠을 3시간밖에 못 잤어요. 무언가 반응이 오니 신나서, 인스타그램도 지금 정비하고 시작했어요. 말씀하신 것처럼 프로필 링크에 우리 학원 소개글 블로그 링크로 바로 연결했더니, 인스타에서 블로그 유입도 시작되었어요. 저 잘하고 있는 거 맞죠?"

"네~ 잘하고 계신 거 맞아요. 하지만 너무 무리하지 마세요. 학원 마케팅은 장기전이에요. 특히 콘텐츠 마케팅은요. 한 번에 그치는 게 아니라 지속적으로 쭉 가는 게 중요합니다. 순간 너무 무리하여 몰입하면 오히려 지쳐서 나가 떨어져요. 기억하세요. 지속성, 꾸준함!
그나저나 블로그 글을 3개나 연속으로 작성하다니, 대단하십니다. 그런데 3개 모두 바로 발행하신 건 아니죠?"

도지나 원장의 눈동자가 동그랗게 변했다.

"아…! 바로 3개 모두 포스팅 발행했는데, 뭐가 잘못되었나요?"

"그러셨군요. 잘못한 건 아닙니다. 그렇게 발행하셔도 됩니다. 그런데 구독자 입장에서, 월요일에 새로운 글 3개가 발행된 것과 월·수·금 하루에 한 개씩 일주일에 걸쳐 발행된 것과 어떻게 더 좋아 보일까요?"

"흠…! 저는 월요일에 3개 발행하는 거에 한 표! 제가 넷플릭스 드라마를 좋아하는데, 전 편이 한꺼번에 나와서 너무 좋거든요. 헤헤~!"

"저도 넷플릭스 좋아하지만, 원장님! 이건 사람들이 돈 내고 좋아서 찾아보는 그런 오락용 영상 콘텐츠가 아니에요. 때로는 정보성 콘텐츠를 발행하기도 하지만, 결국은 홍보를 목적으로 '제발 와서 좀 읽어 줘'라고 말하는 그런 글들입니다. 비정기적으로 어떨 때는 3개의 글이 한꺼번에 올라오고, 2주 동안 아무 신규 글이 없다가 또 글들이 올라오고 그렇게 할 수도 있습니다. 하지만 정기적으로 월·수·금 매번 꾸준히 신규 글이 한 개씩 발행되는 것과 비교했을 때, 고객 입장에서는 무엇이 더 '발행' 측면에서 좋아 보일까요?"

"이야기를 듣고 보니, 왠지 월·수·금 규칙적으로 발행되는 게 뭔가 갖춰지고 안정적인 느낌이에요."

"네. 블로그를 계속해서 올린다는 것은 일종의 내 학원의 건재함을 알리는 것이기도 합니다. 또한 규칙적으로 콘텐츠를 내 보인다는 것은 '발행'으로서 연속성, 즉 비공개적인 약속과 같은 느낌도 들게 합니다. 원장님이 미리 블로그 포스팅을 써 놓고 준비는 할 수 있어요. 하지만 발행하여 공개하는 것은 전체적인 글의 일정을 보면서 규칙적으로 해 주시는 게 좋아요."

"알겠어요. 앞으로는 그렇게 해야겠군요. 신규 상담 등록에 너무 기분이 들떠서 바로 실행을 해 버렸어요. 다음 번에는 날짜에 맞춰 임시 저장 했다가 그때 발행할게요."

"블로그 포스팅 발행 시 '예약' 기능을 알려드렸었는데, 기억이 안 나시는군요. 괜찮아요. 이렇게 하나씩 다시 기억하시면 됩니다. 포스팅이 완성된 글은 내가 몇 일 몇 시에 발행하고 싶은지 '예약'을 할 수 있어요. 그럼 그때 맞춰서 글이 자동으로 발행됩니다."

"아…! 맞다! 기억나요. 발행 · 저장 · 예약 이 세 가지 알려주셨죠? 그리고 수정할 게 많으면 발행하지 말고 저장해 놓은 상태에서 수정을 완료하고, 검토가 모두 끝나면 발행하라고 했던 것도 이제 기억합니다! 접수 완료했어요!"

"빙고! 이제 제대로 기억하시네요. 이제부터는 제가 원장님께 또 다른 무기들을 선물해 드릴게요. 원장님 시간을 벌어주는 도구들입니다. 기대되시죠?"

"네. 기대는 되지만, 갑자기 두려워지네요. 그 무기를 갖추려면 또 대가를 치뤄야 하는 거잖아요. 이 세상에 공짜는 없다, 쉽게 이뤄낼 수는 없는 거다! 계속 저에게 이야기하셨죠? 또 제가 이번에는 어떤 고생을 해야 하는 거죠?"

"하하하! 이미 세상의 이치를 몸소 체험으로 깨달으셨군요. 맞아요. 무언가 내게 도움이 되도록 세팅하고 갖추려면 그 초반에는 어느 정도 고생을 하셔야 해요. 흠! 단어를 바꿔야 겠어요. '고생'이 아니라 '투자'라고 합시다. 펌프에서 물을 길을 때에도, 가속력이 붙어 자전거 바퀴가 알아서 돌아가게 할 때에도 우리는 초반에 많은 에너지를 써야 합니다. 하지만 그 초반의 투자를 거치고 나면 나에게 복리이자처럼 더 큰 혜택으로 돌아옵니다.

앞에서는 블로그 본진을 시작하여 블로그 외에 진행할 수 있는 다양한 콘텐츠 마케팅을 안내해 드렸었죠.

오늘은 거기에서 확장하여 원장님 시간도 줄여주면서 원장님의 교육 사업을 더욱 프로처럼 보이게 할 수 있는 다양한 것들을 소개해 드릴 거에요. "

도 원장의 질문이 이어졌다.

 "그런데요, 이 모든 것들을 다 적용해서 진행해야 할까요? 사실 학원 운영에, 그리고 블로그 본진 만들기에 최근에는 인스타까지 시작해서 제가 다 소화해낼지 모르겠어요. 요즘 정말 바빠요. 아참! 이야기 드렸던가요? 드디어 국어 과목도 정규 과목으로 시작했습니다. 요즘에는 아이들도 가르치고 있어요. 반응이 좋습니다. 몸은 바쁜데 정신적으로는 여유로와요. 그런데 또 뭔가를 또 해야 한다고 생각하니 가슴이 답답해요. 가르쳐 주시는거 다해야 하는 걸까요?"

도지나 원장의 현실적인 발언에 오히려 안도감이 들었다. 과식은 배탈을 불러오는 것처럼 배움도 마찬가지이기 때문이다.

 "좋은 질문입니다. 결론부터 말씀드리면, 다 안 하셔도 됩니다."

도 원장의 입꼬리가 올라가는 게 보였다. 반신반의하며 투덜대듯 던져본 말인데, 다 안 해도 된다는 대답이 마음에 들었나 보다.

"원장님의 시간, 에너지, 그리고 돈은 한정적이에요. 그렇기에 우리는 때론 취사선택이란 걸 해야 합니다. 하지만 취사선택을 하기 위해서는 적어도 판단할 수 있는 기준을 잡을 수 있도록 내용을 알아야 해요. 원장님이 모든 온라인 마케팅을 다하실 수는 없어요. 내가 처해 있는 시장 상황에 맞는 선택, 내 교육 사업의 현재에 맞는 선택, 내 에너지와 투자금에 맞는 선택, 그 선택을 하셔야 합니다. 선택의 연속이죠.

블로그 본진은 필수이지만, 그 외에 제가 알려드리는 부분들은 원장님이 퍼즐 맞추듯 잘 선택하여 나만의 성벽을 쌓으셔야 해요. 그런 면에서 지금부터 들려드리는 내용들도 당장 도입해 진행하겠다는 차원에서라기보다는 '내게 이게 과연 필요한가, 해야 할까'라는 관점에서 판단할 수 있도록 들으시면 됩니다. 그리고 당장 내게 도움이 되겠다, 필요하다고 판단된다면, 그때는 앞서 말한 '투자'라는 걸 해야겠죠! 하지만 이때는 '필요하다'라는 스스로의 동기부여가 있는 상태이니 추진하는 데 버겁지 않을 거에요.

우리가 무언가 진행할 때, 왜 내가 이걸 하는지 몰랐을 때가 가장 힘들답니다. 하지만 목적이 있고 목표가 있다면 그때부터는 무조건 전진하는 거죠!"

"아하! 질문하길 잘했군요! 조금은 마음 편히 설명을 들어도 되겠어요. 저는 다 해야 하는 건 줄 알고 살짝 긴장했거든요. 그런데 막상 듣고 나서 다 도입해서 하고 싶으면 어쩌지 하는 걱정도 되네요. 저 준비 되었어요."

아직 본격적인 시작도 하기 전인데 도지나 원장은 테이블 앞 초콜릿으로 당 충전부터 시작했다. 배움에는 엄청난 에너지가 소모되기에.

카카오톡 채널 운영으로 1인 다역 해 내기

혼자서 학원, 교습소 혹은 공부방을 운영하는 경우 1인 다역을 해야 할 경우가 많습니다. 가장 중요하면서도 시간 소요가 발생하는 것이 바로 고객 응대 및 커뮤니케이션입니다. 이때 다양한 도구들을 사용하면, 내 커뮤니케이션의 시간은 줄이고 고객을 오히려 내편으로 만드는 좋은 결과를 만들 수도 있습니다. 카카오톡 채널이 바로 그중 하나입니다.

카카오톡 채널, 그게 뭔가요?

과거 카카오의 플러스친구가 이름을 바꿔 지금은 카카오톡 채널로 운영되고 있어요. 광고성 알림 메시지를 가능하게 하는 '수신동의' 카카오톡 채널입니다. 말이 조금 어렵죠?

우리나라 국민 중 대부분이 '카카오톡' 서비스를 이용하고 있습니다. 이는 개인과 개인 간 메시지 서비스입니다. 만일 사업주가 내 사업을 대표하는 카카오톡 계정을 만들어 잠재 고객과 소통한다면 어떨까요? 바로 이게 카카오톡 채널입니다. 카카오톡의 사업주 버전이라고나 할까요. 사업주의 니즈에 맞게 고객을 관리하고 홍보할 수 있도록 다양한 기능들을 탑재하고 있어서, 카톡 소통을 넘어서서 무료로 비즈니스 홈을 만들어 운영할 수 있는 공간도 제공하고 있어요.

카카오톡 채널은 다양한 장점을 지니고 있습니다. 고객 응대 시간을 정할 수도 있으며, 대한민국 국민이라면 누구나 사용하는 카카오톡 메신저를 통해 고객과 소통할 수도 있습니다. 유료 서비스이긴 하지만 즉각적으로 단체 메시지를 발송할 수도 있습니다.

저는 원장님들에게 인스타그램, 블로그, 카카오톡 채널 이 세 가지를 균형을 맞춰 이용하라고 권해드립니다. 인스타그램을 통해서는 잠재 고객을 유혹하여 확보하고, 블로그를 통해서는 콘텐츠 마케팅을 통해 신뢰를 확보합니다. 마지막 카카오톡 채널로는 즉시 소통이 가능한 연결 고리를 통해 메시지 발송 및 1:1 대화 응대를 하면서 고객 관리를 하고, 즉각적인 행동을 유도할 수 있습니다.

작은 학원을 위한 카카오톡 채널 기능 7가지

다음의 7가지 기능은 기본적으로 원장님이 사용하시면 좋을 카카오톡 채널 기능들입니다.

첫째, 1:1 채팅 기능입니다. 이는 아주 기본적인 소통 기능입니다. 일반 카카오톡 채팅과 유사하지만, 다른 점은 고객이 먼저 내게 메시지를 보내야 응대가 가능합니다. 또한 1:1 채팅 응대가 불가할 정도로 바쁜 경우라면 채팅 설정 기능을 꺼 놓을 수도 있으며, 내가 응대 가능한 시간을 자동 안내 메세지로 보낼 수도 있습니다.

둘째, 자주 쓰는 답변 등록하기입니다. 다수의 고객을 상대해야 하므로 같은 답변이 반복되는 경우가 있습니다. 이때 자주 쓰는 답변을 등록해 사용하면 편합니다. 카카오톡 채널 관리자 페이지는 PC를 통해 접속이 가능하며, 모바일에서는 별도 앱을 다운받아 사용할 수 있습니다. 자주 쓰는 답변 등록 기능은 PC 관리자 페이지에서만 제공됩니다.

	최초 등록일시	제목	답변 내용
	2021.09.14 10:52	그코칭 블로그 특강 영상 신청자	안녕하세요. 지금 바로 영상 시청이 가능합니다. ^^ https://jakjaklab.teacha...
	2021.09.05 12:13	온라인 강의 신청완료자	안녕하세요. 온라인 신청 확인했습니다. 지금 바로 영상 시청이 가능합니다. ^^ ...

자주 쓰는 답변 / +답변 등록 / 전체 15개

셋째, 채널 포스트 올리기입니다. 마치 블로그에 글을 올리고, 인스타에 피드를 올리듯 카카오톡 채널상에서도 글을 발행해 올릴 수 있습니다. 사진, 영상, 링크 모두 사용 가능하며 다른 채널에 올렸던

콘텐츠들을 같이 연동할 수도 있습니다. 예약 발행도 가능합니다. 저의 경우 기존에 블로그에 올렸던 글을 요약하여 포스트에 올리고 해당 블로그 전문 링크를 하단에 추가하는 형식으로 업데이트하고 있어서 많은 시간을 들이지 않고 포스트 관리를 하고 있습니다.

넷째, 채널 홍보 링크 활용입니다. 카카오톡은 아이디로만 존재하며 링크가 따로 없습니다. 전화번호를 알거나 카톡아이디를 아는 경우에만 친구 추가를 할 수 있어요. 하지만 카카오톡 채널은 상대의 연락처 없이 채널 홍보 링크를 가지고 채널 추가를 하게 됩니다.

채널 URL과 1:1채팅 URL 링크가 따로 생성되며, QR코드도 사용할 수 있습니다. 카카오톡 채널에서는 고객이 내 채널을 추가한 경우, 즉 메시지 수신 동의한 경우에만 소통이 가능합니다. 따라서

본 채널 홍보 링크를 활용해 내 잠재 고객이 내 채널을 추가하도록
다방면의 노력을 해야 합니다.

다섯째, 채팅방 메뉴입니다. 채
팅방 입력창 하단에 10개까지의
메뉴를 넣을 수 있으며, 고객이
클릭하면 자동으로 메시지가 전
송됩니다. 사람들이 자주 묻는 질
문들을 정리하여 이곳에 잘만 정
리해 놓는다면 불필요한 응대 시
간을 많이 줄일 수 있습니다. 뿐
만 아니라 내가 유도한 링크로 사
람들을 연결시킬 수도 있습니다.

예를 들어 3개월만에 1등급
받은 학생의 교육 성공 사례나

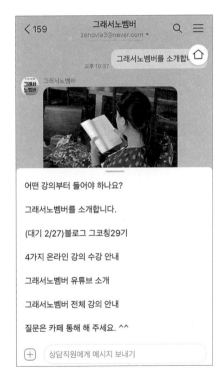

원장님의 소개 글을 링크로 올릴 수 있습니다. 자연스레 원장님이 브랜딩되며 궁금해 하고 더욱 신뢰하게 될 겁니다. 저의 경우 원장님들을 대상으로 한 강의 정보들을 중심으로 메뉴를 활용하고 있습니다.

여섯째, 유료 메시지 보내기 서비스입니다. 1건당 15원(VAT 별도)의 비용으로 내 채널을 추가한 사람들에게 푸시 메시지를 발송할 수 있습니다. 학원 재원생들 학부모들을 모두 카카오톡 채널을 추가하게 만든 후 공지 사항을 본 유료 푸시 메시지로 보내는 경우도 보았습니다. 신규 원생 모집을 위한 학부모 설명회가 있거나 새로운 소식을 알려야 할 때 본 유료 메시지 보내기 서비스는 매우 강력한 수단이 될 겁니다.

일곱째, 카카오뷰 서비스입니다. 내 카카오톡 채널을 통해 다양한 콘텐츠를 엮어 큐레이션 형태로 발행할 수 있습니다. 나를 브랜딩할 때 매우 유용하며, 양질의 콘텐츠를 모아 고객에게 제공하므로 고객의 신뢰를 확보할 수 있습니다. 내가 발행할 때에는 '보드'라는 메뉴를 통해 올리게 되며, 내 채널에서는 '보드'라는 메뉴로 보여집니다. 일반 유저에게는 '카카오뷰'라는 메뉴로 노출됩니다.

카카오톡 채널은 개설이 아니라 기획이 중요합니다.

카카오톡 채널은 내 사업을 편하게 만들기 위해 활용하는 도구입니다. 하지만 그 편리함을 누리기 위해서는 처음 카카오톡 채널 세팅이 중요합니다. 카카오톡 채널은 누구나 쉽게 개설할 수 있지만, 내게 도움이 되는 카카오톡 채널로 만들기 위해서는 전략적인 기획하에 초기 콘텐츠 작업을 해야 합니다.

내 카카오톡 채널을 통해 기존 재원생 관련 응대를 우선으로 할지 신규로 올지 모르는 잠재 고객을 대상으로 할지에 따라 구성하는 콘텐츠 및 채팅방 메뉴도 달라질 겁니다. 내가 목표로 한 목적에 맞게, 고객이 자주 묻는 질문을 무엇인지, 내가 알리고 싶은 콘텐츠는 무엇인지 콘텐츠 기획이 선행되어야 합니다. 또한 이렇게 잘 정비한 카카오톡 채널을 내 타겟 고객에게 어떻게 알릴지도 고민해야 합니다. 한 번에 100점짜리 카카오톡 채널로 만들기보다는 계속해서 업데이트해 나가면서 내가 원하는 모습으로 만든다면, 비즈니스 비서로 키워 낼 수 있을 겁니다.

온라인 상담폼으로 이기는 경기 시작하기

네이버 혹은 구글 서비스를 통해 설문폼을 만든 적이 있나요? 포털 사이트에서는 다양한 형태의 설문 응답을 수집해 정리할 수 있도록 '폼'이라는 이름으로 설문지 서비스를 제공하고 있습니다. 수강생들 혹은 학부모님들과의 상담에 앞서 이러한 설문폼을 만들어 미리 응답을 받으시기 바랍니다.

'온라인 상담폼이 뭐지?'하시며 상상이 되지 않는 분들을 위해 예시를 보여드리겠습니다.

6. 영어학습기간은 얼마나 되나요?*
○ 3년이상
○ 1-3년
○ 1년미만
○ 없다
○ 기타 :

7. 현재 영어학습 방식을 알려주세요 *
전체 선택
☐ 대형어학원
☐ 소규모보습학원

위의 내용을 보고 감이 오셨나요? 온라인상에서 다수의 고객을 위한 설문지라고 생각하시면 됩니다. 대표적으로는 구글폼과 네이버 폼이 있습니다. 이런 설문폼을 활용하면 원장님들의 전문성을 돋보이게 하여 상담의 질을 높일 수 있습니다. 구글폼과 네이버폼 둘 중 원하는 것을 선택해 사용하시면 됩니다. 소통 대상이 초·중·고 자녀를 둔 학부모님이라면 좀더 익숙한 네이버에서 제공하는 설문폼을 활용하시기를 추천드립니다. 아래에 보시는 것처럼 네이버에서는 이미 다양한 포맷을 제공하고 있어요.

신규 학부모 상담 예약 시 사전 설문을 꼭 하세요.

학부모 설명회를 단체로 모객하여 진행할 때에도 이러한 사전 설문폼은 정말 유용합니다. 개별 상담 예약 시에도 사전 설문용으로 적극 추천드립니다. 학부모가 아닌 수강생을 직접 상담하게 되는 경우도 마찬가지입니다.

사전 설문폼이 도움이 되는 이유는 다음과 같습니다.

첫째, 상담하러 올 잠재 고객의 눈높이나 기대 수준에 맞추어 상담 준비가 가능합니다.

둘째, 좋은 인상을 줄 수 있어요. '이 원장님은 이렇게 사전 준비부터 철저히 하는구나.' 하고요.

셋째, 돌발 상황에 대해 미리 준비하여 대처할 수 있습니다. 잠재 고객은 매우 다양합니다. 이런 사전 설문을 통해 발생이 예상되는 특수한 상황을 미리 파악해서 대처할 수 있습니다.

결국 원장님에게도 도움이 되며 잠재 고객에게도 맞춤 상담을 함으로써 좀더 좋은 결과를 만들어 낼 수 있습니다. 상대(잠재 고객 혹은 학부모)를 미리 파악하고 응대하는 것과 만나서 파악해 응대하는 것은 다릅니다! 전투 준비를 더 잘 하실 수 있어요.

설문은 어떤 내용으로 해야 할까요?

오히려 여러분들이 저보다 더 잘 아실 내용입니다. 수백여 건의 상담을 진행해 오신 당사자이시니까요. 또한 초등학생, 중학생, 고등학생, 성인 및 수강 과목에 따라 설문 내용은 달라집니다.

그럼에도 불구하고 여러분께서 방향을 잡으실 수 있도록 예시를 보여드리겠습니다.

예시) 초등 3학년 학부모님이 영어 학원 상담을 예약한 경우

1. 현재 자녀분이 재학 중인 학교와 학년을 기입해 주세요.
2. 기존에 영어 사교육 노출 정도는 어느 정도인가요? (학습지, 학원, 개인 교습, 엄마표 영어, 기타)
3. 현재 부모님이 생각하시는 자녀의 영어 실력은 어느 정도인가요?
4. 영어 학원을 통해서 가장 향상시켰으면 하는 부분은 무엇인가요?
5. 학부모님 휴대폰 번호를 남겨 주세요.
6. 기타 (하고 싶은 말씀이 있다면 남겨주세요.)

위의 질문은 객관식으로 하실지 주관식으로 하실지에 따라서도 질문의 길이나 '톤 앤 매너'가 달라져요. 예시이기 때문에 저는 위와 같이 간단하게 작업을 해 보았는데요,

설문 1번의 경우, 직접 상담 시에 학교를 미리 알고 거기에 맞추어 학교 정보를 제공해 드린다면 학부모님이 좋아하실 겁니다. 2번/3번/4번의 경우 답변에 맞추어 더 철저하게 학원 자료를 준비하고, 기존에 유사한 상황의 학생이 성장한 증빙 자료(예 : 노트, 영상, 사진 등)

를 준비하여 before 및 after를 이야기한다면 학부모님은 더욱 신뢰
가 갈 거예요. 감이 오셨나요?

네이버폼으로 설문 만들기 어렵지 않아요.

네이버폼은 장점이 많아요. 이런 강력한 툴을 무료로 사용할 수
있다는 사실에 놀랄 거에요.

1. 만들기가 어렵지 않아요. 아주 쉬워요.

2. 필요한 기능이 다 있어요.*(설문에 대한 여러분이 상상 가능한 모든 기능이 있어요)*

3. 만들고 나서도 필요 시 바로 수정해서 업데이트할 수 있어요.

4. 설문지 내에 연결을 희망하는 웹사이트 링크를 활용할 수 있
   어요.

5. 설문 결과 값을 통계 그래프로도 리포팅을 해 주며, 엑셀 데이
   터로도 다운로드할 수 있어요.

네이버 검색창에서 '네이버폼'으로 검색하면 '네이버 오피스'가
나옵니다.

유의해야 할 점은 네이버 드라이브 서비스를 이용할 수 있는 네이버 아이디로 접속해야 사용할 수 있다는 겁니다. 네이버의 경우 1인이 최대 3개의 네이버 아이디를 실명으로 만들 수 있습니다. 그런데 오피스 서비스는 그중 1개로만 통합해서 접속이 가능합니다. 만일 네이버 오피스 서비스를 이용하려 하는데 다음과 같은 팝업창이 나왔다면, 기존에 가지고 있는 다른 네이버 아이디로 접속하시면 됩니다.

참고로 내가 학원용으로 사용하는 네이버 아이디가 아닌 다른 네이버 아이디로 접속해 설문을 만들었다고 해도, 상대는 나의 네이버 아이디를 알지 못합니다. 네이버폼의 경우 폼링크만 공유되며, 해당 아이디는 노출되지 않으니 걱정하지 않으셔도 됩니다.

네이버폼으로 설문을 만드는 방법은 어렵지 않습니다. 안내된 대로 만드시면 됩니다. 만일 설문 제작에 어려움을 느낀다면 제 블로그에 '네이버폼'을 검색하면 자세한 제작 방법이 안내되어 있으니 참고하시기 바랍니다. 설문 작성이 완료되면 '폼 보내기'를 통해 링크를 확보할 수 있고, 잠재고객에게 링크만 보내시면 됩니다.

부재중 문자 자동화로 잠재 고객 챙기기

마케팅 자동화라는 말을 들어보셨나요? 거창하게 생각하실 필요 없어요. 예약 전화를 끊자마자 오는 안내 문자, 구매하자마자 받는 확인 이메일. 이렇게 여러분들이 일상에서 경험하는 것 모두가 마케팅 자동화의 일종입니다.

1인 원장님 혹은 직접 수업을 하시는 원장님들의 경우 휴대폰 번호를 자신의 SNS에 공개하지만, 수업으로 인해 상담 전화를 바로 받지 못하고 놓치는 경우가 많을 겁니다. 이때 블로그 글을 잘 정비한 후 문자 앱과 함께 연동하면 큰 수고를 들이지 않고도 마케팅 자동화를 할 수 있습니다. 본 기능은 매우 간단한 설정이지만 매우 유용합니다. 많은 원장님들이 실제 적용하신 후 너무나 만족해 하셨습니다.

안드로이드 폰 기준으로 설명드리겠습니다. '부재중 전화 자동응답'이라는 앱을 찾아보세요. 원스토어에서 앱을 다운 받을 수 있습니다.

'부재중 전화 응답(기본)' 기능을 활용해 놓친 부재중 전화에 자동으로 응답이 가도록 설정해 주세요.

위 이미지는 예시로 만들어 제가 올려 둔 내용입니다.

학부모가 궁금할 내용에 대해 블로그에 잘 포스팅을 한 후, 그에 대해 이렇게 블로그 링크로 공유를 한다면 학부모는 기다리는 시간 동안 블로그로 기초 상담을 받을 수 있을 겁니다. 바로 적용해 보시기 바랍니다.

블로그에 학부모의 신뢰를 얻을 수 있는 포스팅이 잘 정비되어 있다면, 실제 상담도 하기 전에 원장님에 대한 신뢰도가 쌓여 이후 전화로는 더욱 쉬운 상담이 될 겁니다. 여기서도 중요한 것은 바로 내 대신 홍보를 하고 상담을 해낼 블로그 포스팅이 마련되어 있어야 한다는 점입니다.

아쉽지만 아이폰에서는 동일한 서비스를 찾지 못했습니다. 각 통신사에서 자체적으로 제공하는 부재중 응대 관련 유료 서비스를 참고하시기 바랍니다.

이메일 강의 자동화 세팅으로 고객을 내편으로

제가 운영하는 작작랩 홈페이지 대문에는 원장님들을 유혹하는 메뉴를 만들어 두었어요. 바로 왼쪽에 있는 메뉴입니다.

이메일 주소와 이름만 넣으면, 〈블로그 쓰기 막막할 때 도움서〉 PDF 소책자 선물과 5일간의 무료 이메일 강의를 받아볼 수 있다고 안내하고 있습니다. 만일 원장님이라면 이메일 주소를 넣을 건가요?

혼자 알아서 일하는 이메일 강의 자동 발송 시스템

실제로 원장님들께서 무료 PDF와 5일

간의 이메일 강의를 신청하십니다. 그러면 그 이후에 저도 모르는 사이에 모든 일들이 알아서 일어납니다. 이메일 주소와 이름을 넣어 신청하신 분들에게 자동으로 〈블로그 쓰기 막막할 때 도움서〉 PDF 소책자 선물이 발송되며, 연이어 원장님에게 도움이 되는 5개의 이메일 강의가 매일 1개씩 발송됩니다.

저는 컨버키트(converkit)라는 이메일 자동화 서비스를 활용하여 본 기능을 홈페이지에 삽입하였습니다. 처음 본 시스템을 세팅하기 위해 '컨버키트'라는 서비스도 살펴보고 학습을 해야 했으며, 무료 PDF 책자를 제공해 드리기 위해 많은 시간을 들여 글을 써야 했습니다. 더불어 5일간의 이메일 강의 역시도 기획과 콘텐츠 작업을 거쳐 완성되었어요.

현재는 제가 아무 행동을 하지 않아도 알아서 이메일이 입력되며, 알아서 PDF 소책자가 배송되고 이메일 강의가 발송되지만, 초기에는 이렇게 많은 공을 들여야 했습니다. 이 세상에 공짜로 이뤄지는 건 없습니다. 마케팅 자동화 역시 여러분들에게 많은 업무의 효율과 효과를 가져다 주지만, 초기에는 노력과 정성·시간을 쏟아야 합니다. 그 결과 본 콘텐츠를 받아본 원장님들은 시간이 갈수록 그래서노벰버라는 존재를 신뢰할 겁니다.

제가 진행한 방식과 같이 원장님들 역시도 잠재 고객을 위한 콘텐츠를 기획하면 고객의 마음을 내 편으로 만들 수 있습니다.

이메일 강의 코스는 어떻게 만들어야 할까요?

무료이긴 하지만 유료급의 유용한 정보를 제공해야 고객의 마음이 움직입니다. '무료로 이렇게까지나 정보를 방출한다고?'하는 인상을 심어 주어야 합니다.

잠재 고객에게 도움이 될 만한 정보를 중심으로 구성하면 됩니다.

참고로 제가 5일간 드리는 이메일 강의 내용은 다음과 같습니다.

1편 : 수강생을 유혹하는 블로그 포트폴리오 주제에 대하여

2편 : 블로그로 수강생 모집에 성공한 사례, 직접 보실래요?

3편 : 블로그는 이렇게도 활용하실 수 있어요!!!

4편 : 홍보용 블로그, 바쁜 원장인 내가 꼭 써야 할까?

5편(마지막편) : 관심 있는 분들만을 위하여 특별히!

저는 1~4편까지는 원장님들이 궁금해 하시거나 반응이 좋았던 과거 콘텐츠를 바탕으로 재구성하여 이메일 강의 콘텐츠를 만들었습니다. 5편인 마지막편에서는 단순히 이메일 강의로 끝나지 않고 제가 운영하는 네이버 작작랩 카페로 방문하도록 원장님들을 유도하고 있습니다. 다양한 정보를 보실 수 있다는 안내와 더불어 본 이메일 강의에 대해 작작랩 카페에 후기를 써 주시면 추가 선물을 드린다는

설명이 포함되어 있습니다. 이렇게 단계별로 고객을 가까워지게 만들고 최종적으로 내가 원하는 행동으로 전환하도록 만드는 것은 '퍼널 마케팅(funnel marketing)' 방식입니다. 단계적으로 고객과의 거리를 좁혀내는 겁니다.

요즘에 누가 이메일을 볼까 싶지만, 사람들은 본인에게 도움이 되는 내용이라 판단된다면 챙겨서 읽습니다. 그리고 무엇보다 이메일 발송은 비용이 들지 않으며 많은 콘텐츠를 담을 수 있습니다.

나만의 이메일 미니 강의를 기획하여 만들어 보세요. 하고 싶은 말을 하시면 안 됩니다. 내 잠재 고객이 듣고 싶은 콘텐츠, 혹은 도움이 되는 콘텐츠를 고민하여 구성하셔야 합니다. 처음에는 고생스럽겠지만, 이렇게 완성된 이메일 강의는 원장님이 다른 일을 하거나 쉴 때도 혼자서 알아서 해낼 겁니다.

이메일 강의 코스를 만들 수 있는 서비스 안내

이메일 마케팅 서비스인 컨버키트(www.convertkit.com)는 월 이용료가 있습니다.

제가 위에 소개해 드린 자동화 이메일 서비스를 적용시키려면 'Automated funnels & sequences'라는 기능을 포함한 서비스를 구매해야 사용하실 수 있습니다.

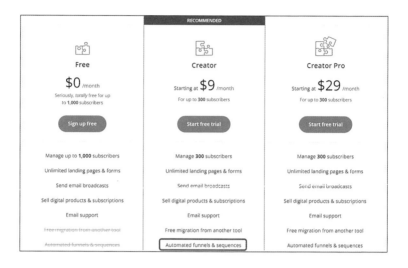

금액은 월별 혹은 연간 결제에 따라 달라지며, 이메일 구독자 숫
자에 따라서도 달라집니다.

처음에 컨버키트를 사용하시려면 많은 어려움이 따를 겁니다. 우
선 영문 사이트이며, 이러한 퍼널마케팅 세팅에 익숙하지 않기 때문
입니다. 따로 본 책에서는 컨버키트에 대한 사용법은 안내해 드리지
않겠습니다. 유튜브와 같은 매체에서 이용법을 검색해 보시면 그에
대한 참고 영상을 찾아보실 수 있습니다.

컨버키트와 유사한 국내 서비스로는 스티비(*https://stibee.com*)가 있
습니다.

일반적인 이메일 보내기 서비스는 무료이지만, 자동화 발송 서비
스를 이용하려면 유료 서비스를 이용해야 합니다.

이메일 마케팅을 하려는 목적, 예상되는 구독자 수에 맞추어 어떤 서비스를 선택해 사용할지 스스로 결정하시기 바랍니다. 보통은 월 1만 원에서 3만 원 정도의 구독료가 있으며, 이는 구독자 수에 따라 많이 달라지니 잘 비교해 결정하세요.

Tip

컨버키트 사용 도중, 한국 서비스인 스티비로 변경하려고 컨버키트 구독을 중단했습니다. 그러자 컨버키트 측에서 중단하는 이유를 묻는 설문이 팝업되고, 이후에 마케팅 프로모션 이메일이 오더군요. 매월 29달러 내던 것을 바로 15달러로 변경을 해 주었습니다. 이미 오랜 기간 이용했기에 제공된 프로모션 메일일꺼라 생각됩니다. 아마도 컨버키트에서는 특정 기준의 고객이 이탈하려 할 때에는 이런 프로모션 오퍼를 제공하는 원칙을 자동화하여 운영하고 있는 듯합니다.

나만의 홈페이지 만들기

학원을 경영하고 있다면 홈페이지를 제작해야 할까요? 제작한다면 어떻게 해야 할까요? 여러분들 생각은 어떤가요? 정답은 없습니다. 상황에 맞는 다양한 선택지가 있을 뿐입니다. 원장님들이 다양한 선택지에서 자신에게 맞는 방향을 잡을 수 있도록 저의 의견을 드리겠습니다.

학원 홈페이지 꼭 만들어야 할까요?

원장님의 상황에 따라 홈페이지가 필요할 수도 아닐 수도 있어요. "집을 사야 할까요?" 이런 질문을 받았다고 가정해 봅시다. 집을 살 여력이 있는지, 혹은 2년 뒤에 외국으로 이민을 가는지, 혹시 배우자가 이미 집을 가지고 있는지…. 즉 답변은 상황에 따라 매우 다를 겁니다. 어떤 집을 구매하는지에 따라도 다를 거고요. 학원 홈페이지 역시 모두 각각의 상황에 따라 다릅니다.

당연히 없는 것보다 있는 것이 좋습니다. 홈페이지가 있지만 관리도 되지 않고 매월 돈만 나가면 없으니만 못할 수도 있습니다. 보통 원장님 포함 선생님이 4인 이하의 작은 학원의 경우 굳이 공력을 들여 홈페이지를 장만하기보다는 블로그에 더 많이 투자하라고 말씀드리고 있습니다. 하지만 어느정도 규모가 되는 학원이라면 홈페이지를 구비하시는 게 좋습니다. 또한 원장님의 판단하에 내가 필요하다 생각하면 4인 이하 작은 학원이라도 홈페이지를 만들어 운영할 수 있어요. 각각의 사정은 다르니까요

홈페이지를 만들어 운영해야 할지는 내 시간·돈·에너지를 어디에 투자할지에 대한 결정입니다. 즉 원장님이 결정을 내리셔야 합니다. 온라인 마케팅 측면에서 학원 홈페이지가 있으면 좋은 이유는 다음과 같습니다.

1. 규모가 있고 잘 갖춰진 학원이라는 느낌을 줄 수 있습니다.
2. 여러 검색 포털 사이트에서 대표 사이트로 노출됩니다.
3. Pixel을 심어서 온라인 타겟 마케팅을 할 수 있습니다.

내 학원의 성격에 맞게 위의 이유를 바탕으로 홈페이지가 필요한지 잘 판단하셔야 합니다.

학원 홈페이지에는 어떤 유형들이 있을까요?

홈페이지의 유형도 여러 가지인데, 크게 다음의 타입들을 볼 수 있습니다.

첫째는, 학원 안내 및 홍보를 목적으로 한 랜딩 페이지형 홈페이지입니다.

홍보만을 목적으로 한다면 블로그가 있는데 왜 굳이 이런 홈페이지가 필요하냐구요? 블로그의 포스팅은 시간이 지나면 옛날 글이 됩니다. 그리고 블로그가 주는 사적인 느낌이 존재하기도 합니다. 하지만 홈페이지는 좀더 공식적인 이미지를 제공해 줍니다. 이런 랜딩형 홈페이지는 친절한 온라인 학원 브로셔라고 생각하시면 쉽게 이해가 될 겁니다.

블로그는 새로운 글이 올라올 때마다 기존 글이 뒤로 밀리지만, 홈페이지는 마치 디스플레이 존에 있는 제품 마냥 계속 그 자리에서 고객들을 응대하게 됩니다. 블로그는 개인 커뮤니티 느낌이라면 홈페이지는 회사 느낌입니다.

둘째는, 학원 운영 관리를 위한 기능이 같이 탑재된 홈페이지입니다.

이런 경우에는 교사나 직원 관리, 수업료 관리 등이 함께 이뤄질 수 있으며, 따로 앱기능을 제공하기도 합니다. 이런 유형의 홈페이지는 위에 안내된 학원 안내 및 홍보를 목적으로 한 내용도 포함하면서 별도로 존재하는 관리자 사이트를 통해 학원 운영 관리에 대한 기능을 사용하게 됩니다.

학원 운영의 효율 차원에서라도 이런 기능들을 활용하시면 좋습니다. 프랜차이즈 학원 브랜드의 경우, 보통 가맹을 하면 본사에서 이러 기능이 있는 홈페이지 제작을 지원해 주는 것이 대부분입니다. 학원 운영 관리와 함께 홈페이지를 제작해 주는 서비스들이 있습니다.

셋째는, 동영상 학습 서비스가 제공되는 홈페이지입니다.

최근 비대면 학습 사이트가 많이 생겨나고 있습니다. 이 중에는 각각의 학원들이 자신의 학습 영상을 바탕으로 나만의 온라인 학습 사이트를 구축하도록 지원하고 있습니다. 주요 서비스는 강의를 수강할 수 있는 학습 콘텐츠를 제공할 수 있도록 하는 온라인 학습 사이트 만들기이지만, 이를 안내하기 위해 나의 홈페이지를 구축할 수 있도록 쉬운 모듈이 제공되고 있습니다.

만일 온라인상에서의 수업 영상을 많이 활용하는 원장님이라면 이런 홈페이지의 대안도 있습니다.

원장님별 수강생의 유형 혹은 수업의 전달 유형이 다를 거예요.

홈페이지를 원하는 목적도 다를 거구요. 자신의 상황에 맞추어 어떻게 할지를 결정해 보세요. 정해진 답은 없어요. 상황에 맞추어 시작은 랜딩형으로 한 이후 단계별로 잘 갖춰진 홈페이지를 새롭게 제작을 할 수도 있습니다.

학원 홈페이지 제작, 어떻게 하면 좋을까요?

학원 홈페이지를 제작하고자 마음을 먹었다면, 많은 의사 결정을 해야 합니다. 어떤 종류로 만들지, 어떻게 제작할지, 홈페이지 메뉴는 어떻게 해야 할지, 그 안의 콘텐츠는 무엇을 넣을지부터 그 안에 들어가야 할 사진 및 영상까지 모든 걸 생각해야 합니다.

홈페이지 제작을 어떻게 접근해야 할지 안내해 드리겠습니다. 공짜로 만들 수 있는 방법부터 비용을 들여 주문 제작 의뢰하는 것까지 다양합니다. 작은 학원이라면 너무 욕심부리지 마시고 간단히 만들 수 있는 무료형 홍보 랜딩페이지 형식으로 만드는 것도 방법입니다. 그리고 그 이후 학원의 규모가 성장하면 그에 걸맞게 제대로 된 홈페이지를 구축할 수 있습니다. 하지만 처음부터 비용을 투자하여 제대로 된 홈페이지를 만들기를 희망하신다면 이 또한 원장님의 선택입니다. 홈페이지 제작에 대한 정답은 없으며, 개인의 판단만 있을 뿐입니다.

홈페이지 제작은 여러 가지 방법이 있습니다. 유형별로 안내를 드리겠습니다. 비용이 적게 들어가는 순서이기도 합니다.

첫째, 네이버 모두(Modoo) 홈페이지입니다. 100% 공짜입니다.

가장 가볍게 만들 수 있는 방법입니다. 홈페이지를 구성할 메뉴와 콘텐츠만 준비되어 있다면 하루만에도 만들 수 있으며, 특별한 기술이 필요하지도 않습니다. 소상공인을 위해 네이버가 제공하는 홈페이지 서비스이며 모듈형으로 쉽게 만들 수 있습니다. 단점은 모바일에 특화되어 있어 PC에서는 예쁘게 보이지 않습니다. 하지만 대부분의 고객 80% 가까이가 모바일로 접속하니 걱정은 안 하셔도 됩니다.

타겟 마케팅을 가능하게 해 주는 Pixel을 심을 수 없다는 단점이 있지만, 규모가 작은 학원의 경우 신경쓸 필요가 없습니다. 작은 학원의 경우 픽셀을 활용한 유입 마케팅을 진행하는 경우가 드물기 때문입니다. 하지만 다수의 성인을 대상으로 하는 교육 서비스를 하신다면, 네이버 모두 홈페이지보다는 픽셀 활용이 가능한 서비스가 제공되는 홈페이지 서비스를 선택하시기 바랍니다.

둘째, 홈페이지 빌더, 즉 홈페이지 제작 서비스를 이용할 수 있습니다.

무료로도 제공하지만 제대로 활용하기 위해서는 유료 서비스를 이용해야 합니다. 대표적으로는 Wix나 아임웹 서비스가 있습니다. 코딩을 몰라도 내가 직접 홈페이지를 만들 수 있습니다. 무료로 서비스를 이용할 수 있는 대신 내 홈페이지 주소에 해당 서비스의 웹사이트 주소가 포함되어 있거나 일부 기능들이 제한되어 있습니다.

아래는 아임웹 홈페이지 빌더의 서비스 가격표입니다.

아임웹 서비스 비용(2022년 2월 기준)

		추천 인기 요금제		
	Global 글로벌 비즈니스에 적합한	**Pro** 전문 쇼핑몰에 적합한	**Starter** 새로운 비즈니스에 적합한	**Free** 무료로 시작하는
	50,000원 **40,000원/월** 연간 결제 기준(20% 할인)	30,000원 **24,000원/월** 연간 결제 기준(20% 할인)	20,000원 **16,000원/월** 연간 결제 기준(20% 할인)	**0원** 월 단위
디자인 모드 허용	✓	✓	✓	✓
회원, 게시판	✓	✓	✓	✓
페이지 무제한	✓	✓	✓	5페이지
스토리지 무제한	✓	✓	✓	500 MB, 위젯 최대 한도
트래픽 무제한	✓	✓	20GB / 월	500 MB / 월
실시간 알림 발송	✓	✓	✓	최대 100회/월
아임웹 광고 제거	✓	✓	✓	
개인 도메인	✓	✓	✓	
운영진 설정	✓	✓	✓	
보안/접근통제	✓	✓	✓	
소셜 로그인	✓	✓	✓	

무료 홈페이지의 경우 페이지를 5장밖에 사용하지 못하며 개인 도메인으로 설정할 수도 없습니다. 유료 서비스로 전환하면 저렴한 월 이용 금액으로 내 홈페이지를 만들고 관리할 수 있습니다. 홈페이

지 특성에 맞게 쇼핑몰 기능도 탑재할 수 있기도 합니다. 아임웹은 국내 서비스로서 좀더 한국인의 입맛에 맞게 다양한 서비스들이 구비되어 있습니다.

Wix는 미국 서비스인데, 다양한 프로그램을 모듈로 부착해 활용할 수 있도록 호환이 잘 되어 있습니다. 마치 우리가 스마트폰에 새로운 앱을 다운받아서 사용하는 것처럼, 앱을 다운받아 기존의 다른 서비스들을 홈페이지에 붙여 사용할 수도 있습니다. 그 외에 워드프레스(wordpress)로 직접 제작할 수도 있지만, 상대적으로 초보자가 하기 어려우며 학습 시간도 필요합니다

셋째, 학습 동영상 서비스 제공 사이트들에 탑재된 홈페이지 서비스 기능입니다.

온라인 비대면 수업에 특화된 서비스들이 생겨나고 있습니다. 동영상 강의를 중심으로 한 나만의 온라인 학교(학원)를 만들 수 있게 하는 서비스들이 점차 진화되면서 홈페이지까지 같이 마련해 올릴 수 있도록 제공하고 있습니다. 대표적인 서비스로는 라이브클래스, 티쳐블이 있습니다.

https://liveklass.com

https://teachable.com

온라인 강의 콘텐츠와 더불어 쉽게 나만의 홈페이지 메인을 만들수 있도록 제공하고 있습니다. 코딩을 몰라도 쉽게 제작할 수 있습니다. 본 서비스는 홈페이지가 메인이 아니라 수강생을 바탕으로 한 온라인 학습 콘텐츠 제공이 주요 서비스이기 때문에 보통 학습자 수에따라 비용이 책정되어 있습니다.

라이브 클래스 서비스 비용(2022년 2월 기준)

넷째, 학원 전용 홈페이지를 제작해 주는 업체에 의뢰할 수 있습니다.

네이버 검색창에 '학원 홈페이지'라고만 검색해도 많은 홈페이지제작 업체들이 나옵니다. 이런 업체들은 학원에 특화되어 많은 홈페이지를 만든 경험이 있어 여러 면에서 편리합니다. 우선 기존에 제작했던 홈페이지 포트폴리오를 보고 원장님이 원하는 유형의 홈페이지를 미리 파악할 수 있습니다. 또한 학원 홈페이지에 필요한 특징들을 이미 잘 알고 있기에 오히려 원장님이 놓치는 부분들에 대해 조언을 받을 수도 있습니다. 비용 면에서도 일반적인 웹사이트 구축 비용보다 저렴하게 책정이 되어 있습니다.

그러나 위에 안내된 3가지 방법에 비해서는 비용이 가장 많이 들어갑니다. 가장 많은 원장님들의 선택지이기도 합니다. 개별적으로 홈페이지를 제작하고 싶지만 조금이라도 비용을 줄이고 싶다면, '크몽'과 같은 재능 공유 사이트를 통해 프리랜서를 고용할 수도 있습니다.

홈페이지는 다른 SNS와는 달리 처음에 구축한 이후 지속적인 콘텐츠 관리 비용이 많이 들어가지는 않습니다. 하지만 계속해서 운영의 손길이 제공되고 있다는 느낌을 주는 것도 중요합니다. 공지 글이나 게시판, 혹은 학원 현장 사진 등을 정기적으로 업데이트해 주는 것이 좋습니다. 또한 블로그와는 달리 홈페이지는 유지 자체만으로도 월 비용이 발생한다는 점도 기억하시기 바랍니다.

(잠깐!) 명심하세요!

나 말고 고객이 원하는 콘텐츠

많은 원장님들께 콘텐츠 마케팅을 교육하고 코칭하다 보면 힘들어하시는 것이 '시선의 전환'입니다. 대부분이 본인이 하고 싶은 이야기로 콘텐츠를 담아 냅니다. 원장님 시선에서 하고 싶은 이야기를 하면 안 됩니다. 학부모 혹은 학생의 입장에서 듣고 싶은 이야기를 해야 합니다. 그래야 그들이 귀를 기울이고 관심을 갖습니다. 그리고 그 듣고 싶은 이야기는 결국 '학생의 긍정적 변화 혹은 교육 결과'입니다.

이런 점을 기억하시고 원장님들이 콘텐츠 마케팅을 위해 무언가를 기획하고 전달할 때에는 콘텐츠 프레임이나 문단 순서를 잘 배치하도록 잘 고민하셔야 합니다. 블로그 포스팅의 예시를 들어 이야기를 해보겠습니다.

A 원장님의 경우 아이들 성적을 올려주는 자신만의 특별한 수학 학습법을 정성스레 설명하는 글을 써내려 갑니다. 엄마들은 관심도 없고 무슨 이야기를 하는지도 잘 이해를 못하여 콘텐츠 중간에 이탈합니다.

그리고 블로그 포스팅 맨 뒤에 드디어 성적이 오른 내 학원 학생들의 자랑이 이어집니다.

B 원장님의 경우 수학 성적 7등급이던 아이가 1등급으로 된 결과를 보여줍니다. 그리고 이런 좋은 성적을 내는 비결의 1등 공신으로, 자신이 개발한 특별한 수학 학습법과 관리 노하우에 대해 포스팅에서 설명합니다. 엄마들은 그 수학 학습법이 어떻게 이뤄졌는지 이해를 하고 싶어 꼼꼼히 콘텐츠를 읽게 됩니다. 이미 효과를 본 아이의 결과 사례를 위에서 봤으니까요.

두 원장님의 차이가 보이시나요? 많은 원장님들이 콘텐츠를 기획할 때 본인만의 기승전결을 따라 구성합니다. 이 틀을 깨 보시기 바랍니다. 원장님의 기승전결이 아니라, 학부모 시선에서 관심을 갖고 살피게 되는 결과부터 이야기를 해 주세요. 혹은 공감을 사고 호기심을 일게 하는 도입부를 먼저 넣는 것도 방법입니다. 예를 들면 "중 1 학부모세요? 초등 때 수학 잘하던 아이들도 이것 때문에 중학교에 가면 10명 중 9명은 무너집니다!" 그리고 나서 그들이 관심 갖게 한 후 원장님이 하고 싶은 이야기를 쉽게 전달해 주시면 됩니다.

제6장

딱 필요한 만큼의
온라인 광고

이 장에서는 네이버 스마트플레이스, 인스타그램, 당근마켓, 카카오모먼트, 지역 네이버 카페 등 여러 매체를 통해 광고하는 방법을 구체적인 예와 함께 설명합니다.

여섯 번째 만남 :
만능 마케터까지는 아니더라도!

도지나 원장과 만난 지 벌써 7주째 접어들었다. 그사이 많은 변화가 있었다. 도 원장과의 첫 만남에서 느껴졌던 초보 원장의 불안감은 더 이상 찾아볼 수 없었다. 자신감과 더불어 새로운 배움으로 의욕이 넘치는 학원장으로 바뀌어 있었다. 재원생 100명에서 30명으로 떨어진 숫자는 단시간에 회복이 되지 않았지만, 이에 대해 조급해 하지 않았다. 스스로의 방향에 대한 확신 때문이었다.

그사이 기적적으로 4명의 신규 원생이 등록을 했으며, 떠났던 기존 재원생 중 3명이 다시 돌아왔다. 사실 이 7명조차도 정상적인 등록이라기보다는 문해력 무료 특강과 더불어 국어 정규 과목 오픈 기념 프로모션으로 끌어온 신규 원생이었다. 완전한 정상적인 재원생으로 전환되기까지는 아직 한 달이라는 유예 기간이 존재했다. 그럼에도 불구하고 도지나 원장은 더 나아질 거라는 미래에 대한 희망을 보았으며, 그 과정에서 희망이 현실이 되는 것을 경험했기에 더 이상 불안해하지 않았다. 그 첫번째 희망은 기존 재원생 학부모들의 인정이었다.

 "이 차 한번 드셔 보세요. 재원생 학부모님이 감사하다며 보내주셨어요. 그 어머님이 뭐라시는 줄 알아요? 원래 본인도 다른 학원으로 옮기게 하려고 했었대요. 그런데 그때 때마침 너무 바쁜 일이 갑자기 생겨서 학원 알아보고 옮기고 할 경황이 없어서 어버버 하다가 그냥 등록을 해버렸다고 하더군요. 그런데 한 달이 지나고 나니 아이가 학원 재미있다고, 원장님 좋다고 이야기 했다더군요.

그동안 학원에서의 교육 현장 모습을 블로그에 포스팅하면서 재원생 학부모님들에게도 같이 링크를 공유해 드렸었어요. 거기에 제가 어떤 교육관을 가지고 있으며, 어떤 학원을 꿈꾸는지 진솔하게 적었던 글들까지 올렸어요. 이런 모든 것들이 학부모님들 마음을 열게 했는데, 거기에 때마침 아이까지 학원 좋다고 하니까 안심을 했나봐요. 초반에 저에게 강조하며 이야기했던 '진정성 있는 블로그 글쓰기'가 무엇인지 이제는 알 거 같아요.

어머님이 지금은 저를 믿을 수 있다며, 그때 때마침 바빠서 학원 못 옮겼는데, 그때 바빴길 다행이라고 하니 제가 감격할 수밖에요. 그간의 마음 고생이 떠올랐어요. 하도 폭풍같이 지나가서 얼마 전 일인 데도 까마득히 오래된 일처럼 느껴져요. 저에게 온 이 차 선물은 단순한 차가 아니라 그 이상입니다."

도 원장이 건네준 우롱차의 향과 맛이 예사롭지 않아 살펴보았다. 대만 중부 챠이 지역의 유명한 고산인 '아리산'에서 재배된 우롱차였다. 그 사실을 알고 마시니 우롱차의 깊은 맛이 더욱 특별하게 느껴졌다.

"정말 우롱차 맛이 좋은데요. 감사해요. 원장님 덕분에 저도 맛난 차를 마시게 되네요. 이 차를 보니 마치 콘텐츠 마케팅이 우롱차 같아요. 재배되기까지 시간도 걸리고, 과정도 복잡하고…. 막상 상품이 되었을 때에는 은은한 향이 널리 퍼지게 되는, 사람들에게 사랑받는…."

도지나 원장이 약간은 어처구니 없다 라는 눈빛으로 쳐다봤다.

"아…! 너무 멀리 가신 거 아니에요? 우롱차면 우롱차지 무슨 콘텐츠 마케팅까지…. 너무 억지예요. 살짝 부담스러워지려고 하네요. 하하하"

그사이 도지나 원장과 많이 가까워졌고 이제는 이런 면박을 주는 농담까지 스스럼없이 나누는 사이가 되었다. 그만큼 여유도 생겨서였으리라.

첫 만남부터 지금까지 도지나 원장은 25개의 블로그 포스팅을 완성했고, 인스타그램도 잘 정비하며 성실히 콘텐츠를 업데이트했다. 여력이 되지 않아 제대로 된 홈페이지는 만들지 않았으나, 네이버 Modoo 홈페이지 기능을 활용하여 홈페이지도 무료로 구비했다. 최근에는 당근마켓에도 학원 소개 글을 프로페셔널하게 잘 올렸으며, 카카오톡 채널을 통해 재원생과 잠재 학부모와의 직접 소통 창구도 만들어냈다. 이 모든 것을 한꺼번에 해야 한다 생각하면 막막했을 것이다. 블로그를 시작으로 하나씩하나씩 쌓아 올리니 어느새 이렇게 멋진 온라인 마케팅의 성벽들이 완성되어 있었다.

"원장님! 이제는 더 앞으로 나아 가셔야죠! 내부가 정비되고 탄탄해졌다면 이제는 밖에서 고객을 끌어옵시다. 바로 광고를 할 차례입니다!"

"광고요? 그거 큰 회사에서나 하는 거 아닌가요? 저처럼 원장 하나에 강사 두 명 있는 이런 학원에서 광고라고요? 갑자기 완전 부담스럽게 느껴지는데요."

보통 광고라고 하면 일반인들은 대중매체 광고를 떠올린다. 하지만 지금이 어떤 시대인가! 1인 사업자도 자신의 주머니 사정에 맞게 쉽게 광고를 할 수 있는 지역 기반의 광고 실행 환경이 구비되어 있다.

 "원장님! 커피값 한 잔 아껴서 그 돈으로도 매일 광고를 할 수 있어요. 지금 세상이 어떤 세상인데요."

테이블 너머로 도지나 원장의 상체가 갑자기 앞으로 쓱 다가왔다.
'그 방법 당장 알려주세요'란 표정으로 눈빛에서는 레이저가 발사되었다.

온라인 광고, 꼭 해야만 할까?

많은 분들이 내 교육이 최고라고 생각합니다. 문제는 그 사실을 나만이 안다는 거예요. 여러분은 어떠신가요? 내 제품이, 내 서비스가 최고라는 생각에 매몰된 적 없나요?

이렇게 좋은 제품인데,

이렇게 좋은 서비스인데,

이렇게 좋은 강의인데…,

어떻게 사람들은 구매를 하지 않을 수 있지?

문제는 그 '좋음'을 사업주인 나만 알고 느낀다는 거예요. 일단 내 제품이, 내 서비스가 최고라는 생각은 잠시 접어두고, 어떻게 하면 그것을 알리고 고객을 내 편이 되게 만들지를 별개로 고민하고 실천해야 합니다.

통상 광고 마케팅이라고 하면 어렵게 느껴지며, 광고 대행사를 통해 비용을 지불하고 막대한 돈을 써야 할 것 같은 생각이 듭니다. 하지만 지금의 시장은 많이 달라졌어요. 충분히 원장님이 필요한 만큼 직접 그리고 쉽게 해낼 수 있는 온라인 광고 집행 환경이 구축되어 있습니다. (제대로 된 양질의 교육 서비스를 제공한다는 전제 하에) 어쩌면 온라인 광고 마케팅을 얼마나 잘 활용하고 실천하느냐에 따라 결과에는 큰 차이가 있을 수도 있습니다.

온라인 상에서는 더 적은 비용으로, 더 많은 고객을, 덜 어렵게 모아서 구매를 일으키게 하는 다양한 방법이 존재합니다. 온라인 광고는 그중 나를 잠재 고객에게 노출시키는 방법입니다. 온라인 광고는 측정과 모니터링이 가능하다 라는 특징이 있습니다. 측정할 수 있다는 건 개선을 위한 기준을 잡을 수 있다는 것이며, 성과 향상을 위해 무언가 활동을 할 수 있다는 이야기입니다.

측정 ▶ 개선 ▶ 성과 향상!

바로 온라인 광고 마케팅에서는 이런 일련의 과정들을 반복해 가며, 더 좋은 결과를 만들어 낼 수 있습니다. 지금부터 딱 원장님이 필요한 만큼만 온라인 광고에 대해 이야기해 드리겠습니다.

네이버 지도에서 1등으로 노출되기

의외로 많은 사람들이 네이버 스마트플레이스(네이버 지도)를 통해 학원을 검색하기도 합니다. 광고를 통해 네이버 지도에서 상위 노출되는 법을 안내해 드리겠습니다.

오프라인 학원을 운영하는 원장님이라면 네이버 스마트플레이스에 등록하여 네이버상에서 지도 노출 세팅을 하고 노출 순위를 높일 수 있도록 노력해야 합니다(2장 page 55 참조).

이처럼 노력에 의해 1등으로 노출이 될 수도 있지만, 네이버는 광고회사이기에 돈을 지불한 광고주를 먼저 상위에 노출해 줍니다. 만일 내 앞에 광고로 노출된 여러 경쟁 업체가 있다면 내 지도 순위는 하단에 나올 수밖에 없습니다. 광고를 통해 네이버 지도상에서 1등으로 내 학원 정보를 배치할 수 있습니다. 이는 원장님이 쉽게 혼자서도 설정할 수 있습니다.

네이버 스마트플레이스 광고의 특징

네이버 스마트플레이스 광고는 다음과 같은 특징이 있습니다.

첫째, 이용자가 '지역+업체/업종' 검색 시 네이버 지도 영역이 노출되는 곳에 광고가 노출됩니다. 이때 의도 및 대상이 명확한 키워드는 노출에서 제외됩니다.

예) 강남맛집 (○), 스타벅스 (×)

둘째, 기존에 원장님이 네이버 스마트플레이스에 등록한 업체 정보를 바탕으로 광고가 생성됩니다. 예를 들어 나는 교습소를 운영하고 있는데 학원이라고 광고가 게재된다면, 스마트플레이스 정보 설정에서 수정해 주시면 됩니다.

셋째, 광고 등록과 광고 노출은 비용 발생하지 않고, 클릭 시에만 과금되는 CPC *(cost per click)* 방식입니다 *(최저 입찰가 50원)*.

넷째, 지역, 매체, 요일/시간대 등 광고 목적에 맞게 다양한 전략을 설정할 수 있습니다.

네이버 스마트플레이스 광고 세팅하기

다음은 광고 세팅 전에 준비해야 할 사항들입니다.

1. 네이버 스마트플레이스에 업체 정보를 등록해 주세요.

2. 광고에 넣을 이미지를 준비해 주세요.

3. 광고비를 충전해 주세요.

'네이버광고'라고 검색하면 바로 광고 세팅이 가능한 페이지로 이동합니다.

캠페인 만들기

광고시스템에 들어간 후, 광고만들기, 그리고 플레이스 유형을 클릭해 주세요.

하단에 '네이버 스마트플레이스에 등록된 업체가 있습니다.'에서 '네'를 선택하시고, 안내에 맞추어 선택을 해 주세요. 하단에 있는 고급옵션을 열면 광고 노출 기간을 설정할 수 있습니다.

광고그룹 만들기

네이버 지도상에서의 상위 노출 광고라면 '플레이스검색'을 선택해 주세요.

업체 정보에서 '동의 후 인증하기'를 클릭하면, 내 네이버 아이디에 연동된 플레이스 업체가 불러와서 추가됩니다.

하단에 전단할 서류나 내용이 있나요 질문에 '아니오'를 선택한 후 '저장 후 닫기'를 눌러주세요.

자동으로 관련 키워드가 선택되어 나옵니다. 내가 키워드를 추가할 수는 없으며 노출 제외만 할 수 있습니다. 하루 예산을 넣고 하단에 '고급옵션'을 통해 안내에 따라 기본 입찰가를 넣습니다.

광고 지역을 선택할 수 있는데, 이때 '모든 지역'을 선택해 주세요. 이유는 서울에서 제주도로 이사 준비를 하면서 제주도에 있는 학원을 검색할 수도 있기 때문입니다. 그외 추가적인 세팅은 안내에 따라 쉽게 하실 수 있습니다.

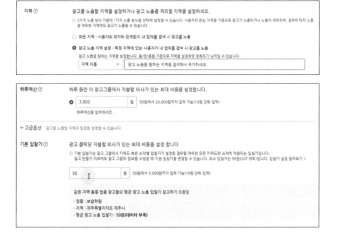

광고 만들기

네이버 스마트플레이스에 입력된 정보가 자동으로 불러오게 됩니다. 업체 홍보 문구는 선택이지만, 꼭 내 학원을 어필할 수 있는 문구로 넣어 주시는 게 좋습니다.

하단에 추가 이미지를 넣어 줄 수 있습니다. 검토 요청 질문에 대해 '아니오'를 선택한 후 '광고만들기'를 클릭하면 됩니다.

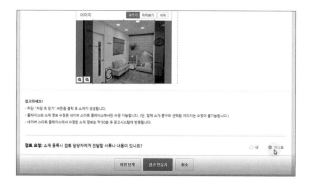

광고 만들기 이후 평일 기준 2일간의 검토 기간이 소요되며, 통과 후에 노출됩니다. 문제가 있으면 필요한 수정 사항을 안내해 줍니다. 검토가 끝나면 아래와 같이 설정한 키워드에 맞춰 상위 노출된 것을 볼 수 있습니다.

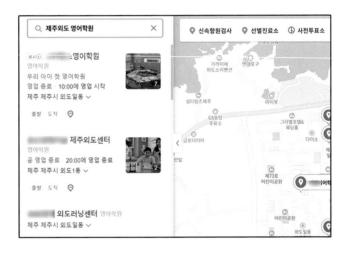

실제 네이버 지도 검색을 통해 학원 위치를 살피고, 연동된 블로그 리뷰를 살핀 후에 상담으로 유입되는 경우들이 있습니다. 클릭당 단가는 지역에 따라 다르지만 경쟁이 심하지 않은 지역은 최소 클릭 비용인 건당 50원으로도 상위에 노출될 수 있습니다. 만일 내 학원의 네이버 지도 순위가 하위에 있다면 이렇게 저렴한 광고비를 투자하여 상위 노출할 수 있으니 꼭 활용하시기 바랍니다.

인스타그램 광고로 입소문에 확성기 달기

인스타그램 광고를 잘만 활용하면 원장님의 홍보 콘텐츠에 날개를 달 수 있습니다. 특히 유·초등 대상 학원이라면 더욱 인스타그램 광고를 추천합니다!

인스타그램 광고를 적극 활용해야 하는 이유

첫째, 젊은 학부모님들이 득실득실합니다.

학부모들은 블로그 활동을 많이 하지 않습니다. 글쓰기가 쉽지 않거든요. 그래서 블로그 콘텐츠 생산자가 아닌 블로그 검색 이용자로만 활동합니다. 하지만 인스타그램은 콘텐츠 생산자로서 학부모들이 활동합니다. 활동하기가 쉽거든요. 사진 한 장만 올려도 됩니다.

또한 우리의 잠재 고객들이 관심 있어 할 만한 정보가 모여 있습니다. 무료 학습 자료 나눔부터 공동 구매, 라이브 방송, 요즘 핫한

맛집 등을 인스타에서 접할 수 있습니다.

둘째, 타겟 광고 진행이 가능합니다.

인스타그램은 로그인을 해야만 이용이 가능합니다. 따라서 내 타겟을 선정하여 그들에게만 맞춤형 광고를 제공할 수 있어요.

타겟팅을 매우 정교하게 할 수 있어요. 내 학원 근처에 거주하는 사람에게만, 여성에게만, 원하는 나이대에만, 특정 연령의 자녀가 있는 경우에만, 교육 관심사를 가지고 있는 사람에게만…. 이런 식으로 타겟팅할 수 있어요. 즉 쓸데없는 돈을 낭비하지 않고 내 고객이 될 가능성이 높은 사람에게만 광고를 진행할 수 있습니다.

셋째, 저비용으로 원하는 기간만큼 광고 집행이 가능합니다.

하루에 5천 원 혹은 1만 원, 일주일 동안 딱 5만 원 예산과 같은 형식으로 작은 학원이 할 수 있는 정도의 광고비로 진행하실 수 있어요.

넷째, 광고에 대한 거부감이 덜해요.

인스타그램 피드에 자연스럽게 녹아 들어가 있어 거부감 없이 노출됩니다. 실제 2019년 3월 실시된 오픈 서베이 조사에 따르면, 여성 중 52% 가까이가 인스타그램에서 Sponsored(스폰서드) 콘텐츠를 본 적이 없거나 모르겠다고 답변을 했습니다. 저 역시도 원장님들과의 인스타 강의 시에 광고를 본 적이 있냐는 질문을 하는데, 많은 분들께서 인스타그램의 스폰서 광고를 인지하지 못하고 계십니다. 즉 광고인지 모르고 거부감 없이 콘텐츠를 접하는 성향이 있습니다.

이 자체만으로도 여러분들이 인스타그램 광고를 해야만 하는 이유가 충분히 될 겁니다.

인스타그램 광고 실행을 위한 사전 준비

인스타그램으로 광고를 실행하기 위해서는 개인 계정을 프로페셔널 계정으로 전환해야 합니다.

'설정〉계정〉프로페셔널 계정으로 전환' 메뉴로 가시면 됩니다. 여기에서 비즈니스를 선택해 주세요.

비즈니스 계정 전환을 위해서는 페이스북 페이지와 연결해야 합니다. 인스타그램은 페이스북의 자회사로 모든 광고 관리가 페이스북에서도 이뤄질 수 있는데, 맨 처음 비

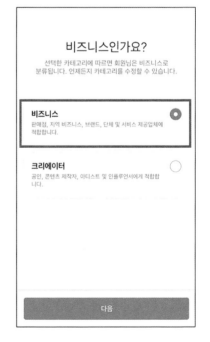

즈니스 계정 전환 시에만 딱 한번 페이스북 페이지와의 연동 작업을 해 주면 됩니다.

이미 내 페이스북 아이디와 페이지가 있는 경우에는 바로 연동될 수 있도록 해당 정보가 나옵니다. 하지만 페이스북 아이디 및 페이지가 없는 경우에는 새롭게 생성한 후 다시 연동을 해 줘야 합니다.

이렇게 비즈니스 계정으로 전환 및 페이스북 페이지와 연동하면 광고를 실행하기 위한 준비가 완료됩니다. 다음과 같이 내 인스타그램 계정에 '홍보하기' 버튼이 생긴 것을 확인할 수 있습니다.

인스타 광고 세팅하여 실행하기

나의 피드에 생긴 '홍보하기' 버튼을 누르면 쉽게 광고를 진행할 수 있습니다. 홍보하기 버튼을 누른 후 다음과 같이 '목표 선택' 메뉴가 나오면 '웹사이트 방문 늘리기'를 선택해 주세요.

웹사이트에는 광고를 통해 내 잠재 고객에게 전달되었으면 하는 페이지의 링크를 넣어주세요. 블로그로 유입하고 싶다면 블로그 주소가 아닌 특정 블로그 포스팅 주소로 넣어주시는 게 더 좋습니다. 행동 유도 버튼은 '더 알아보기'를 선택해 주세요. 거부감 없이 쉽게 클릭하게 하는 메세지이기 때문입니다.

이제는 타겟을 설정할 차례입니다. 내 학원 인근을 설정하여 타겟을 세팅해야 하기 때문에 '직접 만들기'를 선택하세요. 그다음부터는 안내되는 대로 설정하시면 됩니다.

타겟의 이름은 내가 저장한 타겟을 이름만 보고도 설정한 조건 값을 파악할 수 있도록 만들어 주는 게 편리합니다. 저장된 타겟은 이후 광고 집행 시에도 선택해 사용할 수 있습니다.

위치는 내 위치를 기반으로 거리를 선택할 수 있습니다. 지역 탭을 선택하면 '시(예:서울시, 고양시, 부산시)' 기준으로 선택되기 때문에

너무나 반경이 넓습니다. '주변' 탭을 선택한 후 내 현재 위치를 활성화하면, 내 위치 기준으로 광고할 반경을 세팅할 수 있습니다. 이런 위치를 설정하기 위해서는 만일 내 집과 학원이 거리가 있는 경우에는 학원에서 광고를 세팅하는 게 좋습니다.

타겟 설정 완료 후 '다음'을 누르면 바로 예산 및 기간을 설정하는 메뉴로 이동합니다. 하루 5천 원~1만 원 정도도 괜찮습니다. 단기간은 5일 이상으로 잡아주세요. 그래야 인스타그램에서의 광고 AI가 더 반응하는 타겟을 찾아 광고를 뿌려줍니다.

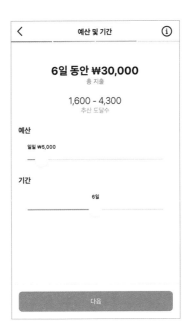

이 이후에는 해외에서 결제가 가능한 카드 정보까지 넣어주어야 광고 세팅이 완료됩니다. 광고 세팅 후에는 광고를 제출하고, 인스타에서 광고 게재의 적정성 여부를 판단 후에 광고를 게재해 줍니다. 24시간 이내에 답변을 준다고는 하지만 보통 반나절 이내에 바로 광고가 활성화됩니다.

인스타 광고의 시작 그리고 종료 후

인스타 광고가 활성화되면 다른 사람에게 내 광고 피드가 다음과 같이 보이게 됩니다.

'Sponsored'라는 광고 표기가 보이고, 하단에는 '더 알아보기'라는 행동 유도 버튼이 생성된 것을 볼 수 있습니다. 이런 광고 피드가 내가 설정한 타겟 대상으로 뿌려집니다.

해당 피드로 광고를 했어도 내 인스타에서의 피드는 원래대로 보이므로 당황하지 마세요. 내 피드에서는 '홍보하기' 버튼이 '홍보 중'이라고 바뀌어 보일 겁니다.

광고를 진행한 피드의 경우 인스타앱에서 광고 관련된 인사이트를 정리해 보여줍니다. 일종의 결과 통계 정보라고 생각하시면 됩니다. 온라인 광고는 실행 후 꼭 결과를 모니터링해야 합니다. 이 인사이트 정보가 현재 광고가 잘 진행되는지를 보여주는 지표입니다. 만일 광고의 도달 수나 클릭 수가 현저히 낮다면 광고를 중단한 후 새로운 광고와 랜딩 페이지로 다시 시도해야 합니다.

지역 광고의 떠오르는 샛별, 당근마켓

이미 4장에서 당근마켓에서의 홍보를 통해 잠재 고객을 만나는 방법을 안내해 드렸습니다. 지금부터는 당근마켓에서의 광고에 대한 이야기입니다.

당근마켓은 지역의 소상공인들이 자신들이 만든 플랫폼 내에서 무료로 자신들의 서비스나 상품을 홍보하도록 장을 마련해 주고 있습니다. 소개 자체는 무료로 제공하면서 이 속에서 〈광고하기〉 기능을 유료로 제공하여 그들의 비즈니스 수입을 이어 나가고 있습니다.

실제 당근마켓 내에 내 학원 소개하기 등록을 마치면, 원장님(사업주)에게만 보일 수 있도록 당근마켓에서 광고 안내 메시지를 아래와 같이 보여줍니다. 가끔은 지역에 영업사원으로부터 연락이 오기도 합니다.

아래의 메시지는 수원시 영통 지역에서 학원을 하시는 원장님께서 학원 소개 글을 올렸더니 해당 학원 소개 프로필 하단에 뜬 문구

내용입니다.

홈에서 더 많은 이웃에게 소식을 보여주고 싶으세요?	∧
영통동 하루 예상 노출 수	4,199회
영통동 하루 예상 비용	18,300원

광고하기

따로 당근마켓에서의 광고 실행을 보여드리지는 않겠습니다. 어렵지 않습니다. 광고하기 버튼을 클릭한 후 안내에 따라 세팅하면 쉽게 진행이 가능한 구조입니다.

당근마켓 광고의 효과

아래 예시 화면에서 '지역 광고'라고 표기되어 있는 것을 보실 수 있습니다. 지역 광고는 당근마켓내 홈피드에서 제목과 함께 대표 사진이 보이면서 더 많은 고객의 시선을 받으며 효과를 볼 수 있습니다. 수많은 정보들 속에서 내 게시글을 상단에 노출시켜 줌으로써 더 많은 고객과 만나볼 수 있게 합니다.

당근마켓에서의 지역 광고 비용은 1,000회 노출을 기준으로 3,000~5,000원 사이이며, 광고가 노출될 때마다 실시간으로 충전

된 캐시가 차감되는 방식입니다. 광고 예산 설정을 통해 하루에 광고 노출 횟수를 조절하여 원하는 광고비만큼만 운영도 가능합니다. 지역 및 광고 카테고리에 따라 금액은 차이가 날 수도 있습니다.

제가 아는 A 원장님은 일주일 기준 25,000원의 비용을 들어 광고를 했습니다. 시작 후 광고는 4일간 약 3,000명에게 도달했고, 180건의 클릭을 불러 일으켰습니다. 놀랍게도 A 원장님은 그중 약 8%에 달하는 15건의 전화 문의까지 받았습니다. 이러한 결과가 가능했던 이유는 당근마켓 내 소개 글을 고객 시선에서 관심이 가도록 잘 썼을 뿐 아니라, 특정 블로그 포스팅 링크를 당근마켓에 게재함으로써 고객들이 미리 A원장님의 블로그를 통해 우호적으로 육성되도록 설계했기 때문입니다.

또 다른 J원장님의 사례입니다. 성인 대상 다국어 학원을 운영하고 계시는 분입니다. 월 기준 10만 원의 광고비를 당근마켓에서 집행하였는데, 결과에 대해 매우 만족해 하셨어요. 지금까지 했던 다른 광고 대비 더 많은 문의가 발생하였으며, 수강생들이 당근마켓 내에 댓글을 달아줌으로써 또 다른 고객 유입에 긍정적인 역할을 했다고 합니다.

실제 고객이 남겨주었던 당근마켓 내에서의 댓글을 제게 공유해 주시기도 했습니다.

밝음이
남양읍 인증 21회 · 14분 전

███ 직장인 수강생입니다^^
영어공부를 하기위해 여러학원도 다녀보고 독학도 해봤지만 뭔가 모를 답답함에 매번 포기하게 되더라구요ㅜㅜ 우연히 블로그를 통해 상담받고 수업을 듣게 되었는데 기존 학원과는 달리 영어어순을 이해 시켜주시고 무조건 암기보다 의사소통 중심이다보니 훨씬 편하게 다가왔고 영어에 더 흥미를 느끼고 있어요!!!^^ 혼자 알기 아까워서 이렇게 공유해요♡

친절해요   만족스러워요   가격이 싸요

👍 도움돼요

누구에게는 좋은 효과를 내는 광고 수단이 내게는 별 효과가 없을 수도 있으며, 누구에게는 효과가 없던 광고 수단이 오히려 내게는 효과가 클 수도 있습니다. 내게 효과가 있는지를 파악하기 위해서는 직접 광고를 집행해 보는 방법밖에 없습니다. 지역 기반의 오프라인 학원을 운영하시는 원장님이시라면 당근마켓의 지역 광고 효과를 파악하고 실제 내가 중요한 광고를 해야 할 때 잘 활용할 수 있도록 꼭 실행해 보시기를 바랍니다.

여기서도 강조하고 싶은 것은 '블로그'입니다. 당근마켓으로 내 잠재 고객의 시선을 끌 수는 있습니다. 하지만 그들의 시선을 관심으로 돌리고 전화 문의까지 연결시키기 위해서는 이를 뒷받침해 줄 수 있는 '블로그'가 큰 역할을 합니다. 이것이 '블로그'를 모든 광고 및 콘텐츠 마케팅의 '본진'이라고 말씀드리는 이유입니다.

카카오톡에서 하는 내 학원 광고

카카오는 사업주를 대상으로 크게 다음과 같은 카테고리에서 서비스를 제공하고 있습니다.

그중 하나가 4장에서 안내되었던 '카카오톡 채널'이며, 나머지는 바로 '카카오모먼트'와 '카카오쇼핑'입니다. 이 세 가지는 독립적으로도 각각의 역할을 하지만 서로 유기적으로 엮여 함께 실행되기도 합니다. 그중 카카오모먼트는 광고 집행 서비스입니다.

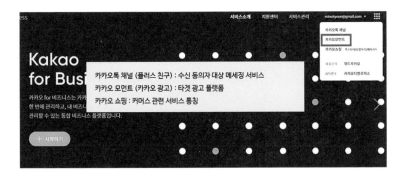

초기 카카오는 네이버의 배너 광고처럼 수천만 원에 달하는 고가의 광고만 존재했지만, 지금은 경매형 광고 상품들이 있어서 소상공인들도 내 주머니 사정에 맞게 광고를 진행할 수 있는 기회가 생겼습니다. 또한 내 카카오톡 채널을 추가한 사람들을 대상으로 푸시형 메시지 광고를 발송할 수도 있습니다.

카카오모먼트 광고는 크게 디스플레이 광고, 메시지 광고, 검색 광고의 세 가지로 나뉩니다. 디스플레이형 광고는 다시 비즈보드, 디스플레이 광고, 스폰서드 보드, 동영상의 4가지가 있습니다.

카카오 비즈보드

디스플레이광고

이미 기존에 페이스북 광고 관리자를 통해 광고를 해 보신 분이라면 카카오모먼트 광고도 꽤 쉽게 다루실 수 있을 겁니다. 하지만 카카오에서 요구하는 다양한 광고 사이즈에 맞게 이미지를 조절해야 하며, 광고 캠페인, 광고 그룹, 광고 소재 제작 등에 대한 이해가 있어야 하기 때문에, 처음 광고 시스템을 접하시는 초보 원장님이시라면 사전에 카카오에서 제공하는 광고 집행 안내를 학습하신 다음에 시도하셔야 합니다.

https://business.kakao.com/ad

위 사이트에 가시면 자세한 광고 집행에 대한 안내를 보실 수 있습니다.

카카오모먼트 메시지 광고

원장님의 잠재 고객에게 '학부모 설명회' 정보를 카톡 메시지로 직접 안내할 수 있다면 얼마나 좋을까요? 다른 광고 플랫폼 대비 카카오모먼트 광고의 장점 중 하나는 이러한 메시지형 발송 광고를 할 수 있다는 겁니다. 하지만 이 광고는 내 채널을 추가한 친구들에게만 발송 가능하다는 제약이 있습니다. 따라서 더 많은 사람들에게 메시지형 광고를 보내고 싶다면 내 채널의 친구 숫자를 늘리는 선행 작업이 있어야 합니다. 이런 이유 때문에 많은 쇼핑몰들이 채널을 추가하면 푸짐한 보상 선물을 주기도 합니다. 언제든 메세지형 광고를 보낼 수 있는 기본 세팅을 가능하게 하기 위해서 말이죠.

그래서노벰버 카카오톡 채널에는 약 1.4천 명(2021년 12월 기준)의 채널 친구가 있습니다. 저는 제 잠재 고객에게 매월 월간 뉴스를 발행해 보내면서 제 강의도 홍보하고 있습니다.

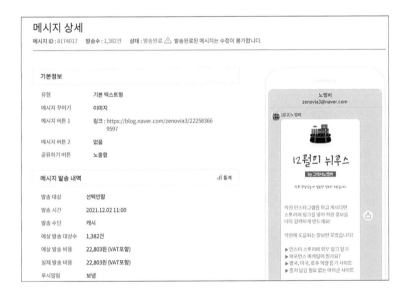

비용은 건당 15원(VAT 별도)인데, 만일 내가 원하는 타겟 그룹을 지정하여 발송한다면 건당 20원의 비용이 듭니다.

만일 강의 홍보를 위해 내 카카오톡 채널의 친구들 1,400명에게 메시지를 보낸다면, 부가가치세를 포함하여 23,100원이 소요됩니다. 내 홍보를 위한 카톡 메시지를 1,400명에게 직접 보내는데 드는 비용치고는 매우 가성비가 높습니다. 그중 1명이라도 강의 등록으로 연결된다면 더할 나위 없겠죠?

작은 규모의 1인 원장 운영 학원이라면 메시지형 광고를 추천드리지 않습니다. 하지만 원생 수 200명 이상의 규모로 운영되고 있는 학원이라면 다양한 프로모션을 통해 잠재 고객들을 내 채널 친구로 추가하게 만든 후 필요한 순간 메시지형 광고를 활용하는 것도 추천드립니다. 그렇게 활용하기 위해서는 먼저 채널 친구로 확보해야 한다는 것을 잊지 마시기 바랍니다.

카카오모먼트 디스플레이 광고 효과 얼마나 될까

카카오모먼트 디스플레이 광고는 Daum을 포함한 카카오에서 운영하는 모든 온라인 매체의 지면을 통해 입찰 방식으로 내 광고를 올릴 수 있습니다.

광고의 성과는 단순히 비교하기가 어렵습니다. 광고 이미지, 카피 문구, 타겟 설정, 집행 금액 및 기간, 시점 등 성과에 영향을 미치는 다양한 요소가 있기 때문입니다.

일 기준 최소 광고 집행 가능 금액은 5만 원으로 작은 학원이 지속적으로 집행하기에는 부담스러운 금액입니다. 이는 하루 최소 2,000원씩 집행이 가능한 인스타그램 광고와도 비교됩니다. 하지만 학원에서의 특별한 이벤트, 예를 들어 학부모 설명회를 홍보하는 경우라면 약 1주일에서 열흘간 집중 광고를 진행할 수 있습니다. 실제 영어 유치원을 운영하고 계시는 원장님 한 분께서는 학부모의 관심이 많은 12월 시점에만 영유 신입생 모집 광고를 약 2주 동안 집중해서 진행하면서 만족스러운 결과를 얻었습니다.

아래의 그래프는 실제 제가 집행했던 카카오모먼트 디스플레이 광고 결과 사례입니다. 9일간 집행하였는데, 그중 둘째 날 결과를 살펴보겠습니다.

(※ 참고로 1일 광고비 설정이 4만 원으로 되어 있습니다. 분명 하루 카카오모먼

트 광고 최소 금액이 5만 원이라고 했는데 이상하다고 느껴지시나요? 개별 광고
는 1일 예산이 4만 원이었으나, 여러 개의 광고를 집행했기 때문에 1일 광고 캠
페인 비용이 5만 원 이상으로 책정되어 가능했던 광고입니다. 예를 들어 광고를
3건 집행했는데 각각 2만 원씩 한다면 전체 1일 집행 비용은 6만 원입니다.)

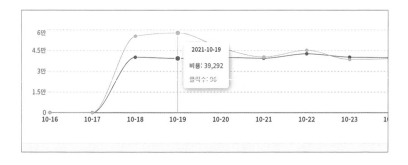

4만 원 가량의 광고비를 통해 96건의 클릭 수를 가져왔습니다.
클릭당 단가를 보면 409원의 광고 성과를 보이고 있습니다. 참고로
19일 기준 실제 광고 노출은 약 1.5만 건이었습니다.

인스타그램 광고와 카카오모먼트 디스플레이 광고를 비교하면
클릭당 단가는 비슷하게 나왔습니다. 광고 클릭은 광고 이미지 및
카피에 따라 큰 영향을 받으므로 클릭당 단가로 광고 플랫폼별 성과
를 단순히 비교하는 것은 어렵습니다.

인스타 광고는 타겟 고객에게 접근율이 매우 뛰어난 반면 카카
오모먼트는 노출량이 상당히 컸습니다. 따라서 내 브랜드를 지역 사
람들에게 많이 노출시켜 알리려면 카카오모먼트 광고가 좋은 수단
이 될 겁니다.

지역 네이버 카페 제휴 광고

지역 네이버 카페의 종류는 다양하지만, 맘카페의 위상은 최고입니다. 가게를 살리기도 하고 죽이기도 하는 힘을 지니고 있습니다. 네이버 카페 시장 초기에는 정말 엄마들끼리의 정보 공유의 장으로 자리를 잡고 커 나갔지만, 역시 사람이 많이 모이면 플랫폼으로서의 파워가 발휘됩니다. 왠만한 지역의 맘카페들은 이미 상업화되어 조직적으로 움직이고 있으며, 사업자 등록을 통해 세금계산서를 발행해 주는 카페도 있습니다.

대부분의 맘카페는 홍보비를 내면 원하는 포스팅을 공지 사항으로 등록해 주거나 혹은 제휴업체로 선정하여 특정 기간 동안 카페내 게시판 카테고리를 아예 대여해 주기도 합니다. 금액은 지역과해당 카페의 활성화, 그리고 카페 운영자에 따라 많이 다릅니다. 따라서 카페 관리자에게 문의하여 알아보시기 바랍니다. 게시 글 건당 5만~10만 원의 경우도 있었으며, 게시판 카테고리를 대여하는 경우에는 월 30만 원 정도로 책정된 경우도 있습니다. 스팸성의 게시글을 방지하기 위해 유료로 카테고리를 대여했다 할지라도 '주 3회 월·수·금 포스팅만 허용'과 같은 조건도 있습니다.

제 과거 경험에 의하면 일반 회사와 소통하는 것보다는 진행 속도가 좀 더딘 편이었습니다. 큰 행사나 모집을 위해 대대적인 홍보 마케팅을 해야 할 경우가 있다면, 꼭 일정을 여유롭게 잡고 미리 연락하고 소통하시기 바랍니다. 맘카페와의 제휴를 통해 유료 홍보를 하게 되었다면 관리도 매우 중요합니다. 원하는 홍보 글 게시 후 댓글이나 문의가 있는 경우 꾸준한 소통이 필요합니다.

맘카페에 홍보를 했다고 하여 항상 효과가 있는 것은 아닙니다. 어떤 콘텐츠를 어떻게 올렸는지, 누구를 대상으로 하는 교육인지 등에 따라 다릅니다. 이것이 누구는 맘카페를 통해 크게 효과를 보고, 누구는 효과가 없었다고 하는 이유이기도 합니다. 내 학원의 교육이 맘카페 홍보에 잘 통하는지는 해보지 않고는 알 수 없습니다. 1회성 혹은 특정 단기간 동안 유료로 홍보를 해 본 후 효과가 있다면 지속하고, 효과가 없다면 중지하는 것도 방법입니다.

맘카페 외에도 아파트 입주자 네이버 카페와 같이 특정인들을 대상으로 한 카페를 통해서도 좋은 결과를 낸 사례들을 옆에서 보았습니다. 따라서 내가 홍보를 할 만한 추가적인 지역카페들이 내 학원 인근에 어디에 있는 알아보고 연락해 보시기 바랍니다.

조심 또 조심, 저작권

저작권에 대해 얼마나 아시나요?

사진, 이미지, 음악, 음원, 글자 폰트 모두 저작권이 있습니다. 예쁘다고 그냥 가져다 쓴다면 저작권 위반으로 합의금을 내라는 연락을 받을지도 모릅니다. 페이스북과 같은 외국 플랫폼에서는 저작권 문제가 될 만한 음악을 입혀 영상을 제작하는 경우 음악은 자동으로 삭제된 채 영상만 올라가기도 합니다. 플랫폼상에서 사전에 미리 걸러 문제의 소지를 없애는 경우입니다.

일반적으로 저작권 때문에 곤욕을 치르시는 원장님들은 네이버 블로그나 홈페이지에 올린 이미지나 음원, 혹은 폰트가 문제인 경우가 대부분입니다. 법무법인을 들먹이며 공문과 함께 연락해 옵니다. 저작권을 위반한 콘텐츠의 수량에 따라 개별 합계 금액을 요구하기도 하며, 때로는 약 200만 원 상당의 연간 멤버십 이용권으로 유도하기도 합니다. 제 경험에 의하면 이미지는 경우에 따라 천차만별이겠지만, 보통 1건당 30만 원 전후를 요구하더군요.

따라서 무료 콘텐츠(글자 폰트 포함)를 활용할 때에는 꼭 주의하시기 바랍니다. 해당 이미지의 무료 사용 기한이 명시되어 있는지도 확인하시는 게 좋습니다. 되도록이면 잘 알려진 큰 회사에서 공개적으로 무료 제공하는 콘텐츠만 활용하시기 바랍니다.

제가 연락을 받았던 원장님의 경우 모 일간지의 기사 글을 올리신 게 문제가 되었었습니다. 원 콘텐츠의 출처를 넣어 과거에 글을 올렸었는데, 그것이 사단이었어요. 신문사의 경우 사진뿐 아니라 기사 내용에 대한 저작권도 문제시한다 하니 주의하시기 바랍니다.

혹여 저작권 침해 관련 이메일을 받았다면 다음을 확인해 보세요.

첫째, 혹시 사기꾼은 아닌가?

이런 이메일에 랜섬웨어가 심어져 있는 경우도 있으니 첨부 파일이 있다면 무작정 열지 마시고 파일 확장자를 잘 살펴보세요.

둘째, 구글에서 검색해 보세요.

이메일을 보낸 사람이 진짜 저작권을 가지고 있는 권리자인지 찾아보세요. 이메일 제목이나 발신자 이름을 넣어 검색해 보시기 바랍니다.

셋째, 한국저작권위원회에 상담 전화도 해 보세요.

한국저작권위원회 : 1800-5455

제7장

학원 온라인 마케팅
3개월 플랜과 실전 노하우

1장에서 안내해드렸던 3개월 동안 진행할 단계별 온라인 마케팅 내비게이션을 다시 리뷰해봅니다. 원장님만의 로드맵을 만들고 그것을 이정표 삼아 실천하신다면 분명 좋은 결과를 내실 겁니다.

마지막 만남 :
도 원장의 하루

도지나 원장은 요즘 미라클 모닝을 실천 중이다. 스스로의 컨디션에 맞추어 목표 기상 시간을 새벽 6시로 설정하여 도전한 지 벌써 57일째이다. 별 것 아닌 작은 성과임에도 불구하고 해내고 있다는 것에 스스로 너무나 뿌듯해 하고 있는 중이다. 새벽 6시 기상 후에는 매일 반복된 루틴이 있다. 이를 닦고, 물 한 잔을 마시고, 스트레칭을 한 후, 유튜브 영상을 틀어 놓고 건강하고 예쁜 유튜버를 따라 함께 슬로우버피(Slolw-burpee) 100개를 한다. 그리고 바로 10분간의 명상시간. 이 모든 것이 30분이면 끝난다. 씻고 난 후 이어지는 1시간의 심층 독서시간. 요즘 읽고 있는 책은 《이어령의 마지막 수업》이다. 큰 생각을 하는 석학의 머릿속을 헤집고 다니며, 아직까지 공부하고 배워야 할 게 너무 많다는 생각을 한다.

아이들을 등교시킨 후 본격적인 스케줄 점검에 나선다. 오늘은 학부모 대상의 학원 설명회가 있는 날이다. 어제까지 준비한 설명회 발표용 파워포인트 슬라이드를 다시 한번 살핀다. 눈감고도 PT 발표를 진행할 수 있도록 수십 번의 연습을 통해 자신감까지 장착했다. 내심 서른 명 이상의 학부모가 신청하기를 기대했으나, 그에 조금 못 미치는 24명의 학부모가 신청했다. 그래도 만족한다. 지난번 배운 대로 인스타 광고를 제대로 돌렸더니 이번에 톡톡히 그 역할을 해내서 신기해하는 중이다. '안 해서 그렇지 하면 뭔가 되긴 되는구나.'를 다시금 깨닫는다. 당근마켓을 통한 공지는 별 기대를 안 했는데, 그래도 3명이나 설명회 참여 문의가 들어왔다. 한 명이 아쉽고 소중한데 고무적인 결과다.

오늘 설명회는 비대면 ZOOM으로 진행되며, 이후 개별 대면 상담을 통해 자녀의 문해력 진단 서비스를 무료로 제공할 계획이다. 설명회에 참석하실 학부모들에게 제공할 교육 정보 소책자 PDF 자료도 준비해 놨다. 미리캔버스로 직접 제작한 소책자 표지가 맘에 든다. 이 소책자 PDF를 준비하느라 9일간 고생했는데, 뭔가 전투식량을 확보한 듯 든든하다. 너무 감사하게도 6학년 초희 어머니가 인터뷰 영상에 응해 주셔서 오늘 설명회에 오실 분들에게 공유한 현장의 이야기도 영상으로 담아냈다. 이제 본인만 잘해내면 된다라는 생각이다.

도지나 원장이 학원을 인수한 후 6개월이라는 시간이 훌쩍 흘렀다. 첫 두 달은 정말 다사다난했다. 말도 못할 고생을 한 이후 '드디어 밀려드는 신규생으로 극적인 학원의 성공 스토리가 찾아오는 것인가?' 싶었지만, 그런 것은 드라마나 남들에게만 일어나는 일인가 보다. 무언가 정상화되고 한 단계 넘어가나 보다 할 때마다 항상 예측 불허의 일들이 생겼다. 신은 감당할 수 있는 시련만큼만 준다던데, 이런 감당 못할 시련들은 왜 이리 연속으로 날아 오는지. 도지나 원장은 정말 신에게 따지고 싶을 때가 한두 번이 아니었다. '정말 내게 왜 이러시는 건가요?'하고.

그 과정에서 도 원장은 몸도 상하고 정신적 어려움도 겪었다. 비정상적인 학부모의 난동, 4개월간 수강료를 내지 않고 잠적한 학생, 누군가의 신고로 인한 교육청 실사 방문 등 모든 것들이 폭풍처럼 밀려왔다. 그럼에도 악착같이 버텨냈다.

이 모든 과정을 겪으며 도지나 원장은 두 가지를 먼저 챙겨야겠다는 결심을 했다. 첫째는 몸 건강, 둘째는 정신 건강. 몸과 정신의 기초 체력이 받쳐줘야 이 시장에서 오래 살아남을 수 있겠다는 사실을 깨달았다. 그리고 그녀만의 방법을 찾고 실천 중이다. 그 결심은 통했다. 점차 웃는 날이 많아지고 있으며, 왠만한 일에는 놀라지도 않는다. 놀라기보다는 상황에 맞춰 '그래서 내가 할 수 있는게 뭐가 있지?'를 먼저 파악한다. 많이 이성적으로 변했으며 정말 강해졌다.

여전히 도지나 원장의 학원 운영은 쉽지 않다. 학부모, 학생, 선생님들 모두가 어려운 대상이며, 매번 그녀를 시험에 들게 한다. 학생 수는 늘고 있지만 손익 차원에서는 겨우 현상 유지 수준이며, 학원 인수 시점의 목표치까지 가기 위해서는 갈 길이 멀다. 그러나 더 이상 불안하거나 마음이 흔들리지 않는다. 지금하고 있는 방향에 대한 확신을 가졌기 때문이다.

학원 블로그에는 71개의 콘텐츠가 쌓였고, 인스타에는 300여 명의 팔로워가 있다. 인스타 피드들 속에는 학원의 생동감 넘치는 교육 현장 모습이 사진과 영상으로 고스란히 담겨져 있다. 두 달 전에 시작한 카카오톡 채널도 이제는 자리를 잡아 짧은 기간임에도 불구하고 친구 수가 200명을 넘었으며, 블로그와 연동되어 상담 문의가 종종 들어온다.

3개월 전까지만 해도 한 번 상담할 때 한 시간은 족히 걸렸지만, 이제는 상담시간이 20분 내외면 충분하다. 학부모들이 이미 블로그와 인스타를 통해 궁금한 사항들을 보고 상담을 요청해 오는 경우가 대부분이라 추가로 궁금한 내용에 대한 문의만 그치면 바로 등록으로 연결

된다. 사전에 미리 안내하고 받는 학부모 상담 신청폼도 매우 유용하다. 상담폼을 작성한 후 등록하는 경우, 첫달 2만 원 상당의 교재를 제공하는 혜택을 드리니 학부모들이 기꺼이 작성해 주신다. 도지나 원장은 해당 학생에 맞추어 준비된 상담을 할 수 있고, 짧은 시간에도 바로 등록이라는 결과로 이어지고 있다. 오늘 학부모 설명회 이후에도 오후에는 두 건의 신규 상담이 잡혀 있다. 하나는 인스타 DM으로 하나는 카카오톡 채널로 문의가 들어와 잡힌 상담 건이다. 이렇게 자리잡기까지 많은 날들을 울고 웃었다.

커피 한 잔을 마시며 베란다 한켠에 있는 군자란 꽃 핀 것을 보고 있는데, 갑자기 아침 일찍 돌려놨던 세탁기 속의 빨래가 생각났다. '아 맞다! 학원 가기 전에 빨래 널고 가야 하는데…' 후다닥 세탁기로 향하는 도지나 원장이다. 그녀의 타이틀은 원장이지만, 사실 N잡러이다. 엄마이면서, 아내이면서, 살림꾼이면서, 싸움 중재자이자 인생 상담가 등. 학원 원장은 이렇게 수퍼맨 혹은 수퍼우먼이 되어가나 보다. 몸 건강, 정신 건강을 챙겨야 하는 이유이기도 하다.

평범하고도 특별한 그녀의 하루가 오늘도 시작된다.

신규 원장님을 위한 3개월 플랜

지금까지 긴 과정을 잘 따라오셨습니다. 이제 다시 앞으로 돌아가 함께했던 내용을 살펴보도록 하겠습니다. 본 책의 맨 첫 장에 안내 드렸던 to do list를 기억하시나요? 원장님만의 로드맵을 만들고 하나씩 완성해 나가라고 이야기해 드렸었죠?

바로 3개월 동안 진행할 단계별 온라인 마케팅 내비게이션을 펼쳐 놓고 정리할 시간이 되었습니다.

원장님마다의 상황이 다르므로 순서는 다를 수 있습니다. 또한 안내된 모든 마케팅을 전부 하지 않으셔도 됩니다. 모두의 상황은 정말 다 다르니까요.

하지만 아무것도 갖춰지지 않은 상태에서 하나씩 무언가를 만들어 나가야 할 때는 다음 플랜을 이정표 삼아 실천하신다면 분명 좋은 결과를 내실 겁니다. 제 주변의 원장님들을 통해 검증된 사실이니까요.

[학원 온라인 마케팅 내비게이션]	1주	2주	3주	4주	5주	6주	7주	8주	9주	10주
내 서비스 점검 (브랜딩하기)										
네이버 스마트플레이스 등록하기										
네이버 블로그 개설하고 세팅하기										
10개 블로그 포스팅하기 *(이후 주 1회 발행)*		포트폴리오 만들기*(콘텐츠 지속 발행)*								
Daum에 내 블로그 등록하기										
당근마켓에 학원 등록하기										
인스타그램 개설하고 세팅하기										
16개 인스타그램 피드 포트폴리오 만들기*(이후 주 4회 피드)*							포트폴리오*(지속 발행)*			
온라인 카페와 제휴하기*(맘카페/지역카페)*										
카카오톡 채널 개설하고 세팅하기*(이후 운영 및 관리)*								카카오톡 채널 운영		
홈페이지 만들기										
온라인 광고하기 -네이버 스마트플레이스 광고 -네이버 콘텐츠 노출 광고하기 -인스타그램 광고 -당근마켓 광고 -카카오톡 채널 모먼트 광고										

블로그 본진의 중요성

'블로그'를 본진 삼아 시작하시라고 본 책 전반에 걸쳐 안내해 드렸습니다. 중요한 내용이기에 다시 한번 강조해 드립니다. 사람들은 광고를 보거나 입소문을 듣는다면 스스로 확인해 보고 싶어합니다. 그리고 대부분 네이버 검색창에서 학원 이름을 직접 검색합니다. 이때 내 학원의 장점과 현장을 잘 정비해 둔 블로그가 마련되어 있는 것과 아닌 경우는 극명한 결과의 차이를 보입니다. 블로그는요, 다양한 고객 유입을 '신뢰'로 담아내는 일종의 큰 그릇입니다. 이러한 본진이 정비되어 있지 않다면, 유입된 고객은 사방 팔방으로 흩어져 버리고 말 겁니다.

블로그는 유입된 잠재 고객을 내편으로 만들어 주는 역할 그 이상의 효과를 보여 주고 있습니다.

코로나 19로 인한 비대면 홍보가 중요하므로 그 역할이 더 커졌습니다. 제대로 블로그 포스팅을 하고 나면 내 상담 시간을 줄여주

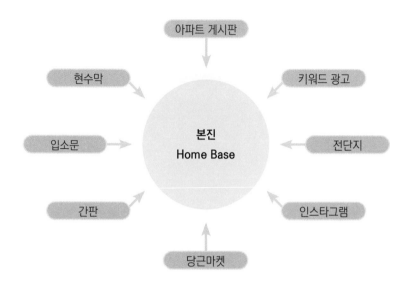

고 바로 등록으로 연결되는 마법을 경험하게 될 겁니다. 어떻게 확신하냐고요? 정말 많은 원장님들이 직접 그 결과를 공유해 주셨기 때문입니다.

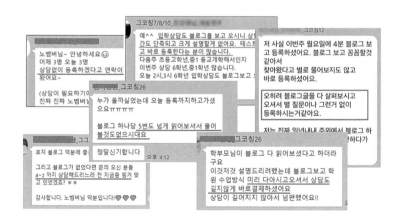

그뿐이 아닙니다. 블로그 글을 정리하고 쓰는 과정에서 원장님의 생각이 정리되며 글빨과 더불어 말빨까지 향상되어 상담력이 향상됩니다. 그 과정에서 내 교육 서비스를 정비하게 되고, 퀄리티까지 올라갑니다. 궁극적으로는 원장님의 자존감까지 올라가는 사례를 너무나 많이 목격했습니다.

인스타그램과 카카오톡 채널의 공조

이렇게 블로그 본진이 마련되었다면, 더 많은 잠재 고객을 만날 수 있도록 유입 마케팅을 시도해 볼 수 있습니다. 그중 가장 가성비 있게 접근할 수 있는 것이 바로 인스타그램 광고입니다. 이것이 블로그 콘텐츠 정비 이후 바로 인스타그램 정비에 돌입하라고 안내하는 이유입니다. 인스타그램으로 광고를 돌리기 위해서는 내 인스타그램 계정이 준비된 계정으로 정비되어 있어야 하니까요.

요즘 들어 인스타그램으로 점차 더 많은 고객이 유입된다는 이야기를 원장님들께 직접 전해 듣고 있습니다. 블로그는 인바운드 마케팅이기 때문에 고객이 찾아올 때까지 기다릴 수밖에 없지만, 인스타그램 및 인스타그램 광고가 이러한 블로그의 단점을 아웃바운드 마케팅으로 보완해 줄 수 있습니다.

인스타그램을 온라인상에서의 전단지라고 상상하시면 이해하기 쉬울 겁니다. 더 많은 사람들에게 찾아가 나눠줄수록 더 많은 효과가 있겠지요? 그리고 그 온라인 전단지를 받은 사람들을 본진인 내 블로그로 유도하는 겁니다.

이때 카카오톡 채널까지 잘 세팅되고 정비되어 있다면 직접적으로 잠재 학부모와 소통하여 내편으로 끌어들이고, 직접 소통을 통해 궁금한 점에 대해 바로 지원해 줄 수 있습니다. 즉 블로그, 인스타그램, 카카오톡 채널은 각각 서로 다른 특징들이 있지만, 이것을 잘 버무리면 최상의 결과가 나도록 잘 운영할 수 있습니다.

자! 블로그 본진, 인스타그램 홍보, 카카오톡 채널로의 소통 관리. 이 세 가지가 잘 구비되었다고 가정해 봅시다. 1차로 인스타그램을 통해 잠재 학부모에게 원장님 학원의 존재 자체를 각인시킵니다. 2차로 블로그 포스팅으로 유입하여 내 학원에 호감과 신뢰를 갖도록 만들고, 최종적으로 카카오톡 채널을 통해 직접 소통으로 끌어당겨 올 수 있습니다.

생각만 해도 두근거리지 않나요? 여기 더 더 많은 유입을 원한다면 내가 실행 가능한 각종 광고의 수단과 규모를 확장해 나가면 그만입니다. 이미 모든 기반이 마련되어 있으니까요.

제8장

부 록

이미 성과를 내고 있는 원장님들의 피가 되고
살이 되는 조언 모음과 온라인 마케팅 관련 용
어 모음집을 수록하였습니다.

부록 I

성과를 내는 원장님들의 마케팅 이야기

학원, 교습소, 공부방의 상황은 모두 다릅니다. 현재 있는 시장의 환경도 다르고, 원장님의 성향도 다르지요. 그래서 A원장님이 성과를 낸 마케팅 방법이 B원장님에게는 통하기도 하고 통하지 않기도 합니다. 이런 이유로 원장님들은 다양한 마케팅의 선택지 앞에서 내 시장에 가장 잘 맞고 내가 가장 잘 성과를 낼 수 있는 방법을 직접 찾으셔야 합니다. 찾기 위해서는 시도해야 하고 실패와 성공을 경험해야 해요. 그래야 나에게 맞는 최적의 홍보 마케팅 무기를 갖출 수 있습니다.

이런 실패와 성공을 이미 경험한 현장 속 원장님들의 마케팅 경험담을 담아 보았습니다. 원장님들의 도움으로 그분들의 실제 경험담을 원장님의 목소리 그대로 전달해 드립니다.

> **25년 경력의 15년차
> 영어 원서 학원을 운영하시는 J 원장님**

Q1 원장님과 원장님의 학원을 소개해 주세요.

영어원서로 15년째 수업을 하고 있습니다. 과거 대형 프랜차이즈의 경력을 더한다면 영어교사 경력은 25년째라고 해야겠군요. 지금은 신도시에서 소규모 학원을 운영하고 있습니다. 5년 전에 학원 규모를 줄여서 이전하였는데, 영어수업 말고도 다양한 사회활동을 염두에 두고 규모 축소를 결심했어요. 결론적으로는 잘한 결정이었다고 생각합니다.

현재는 학원 운영과 함께 지역의 사립도서관을 운영하면서 학부모 독서강의 교사교육을 병행하고 있고 지역사회에서 어린이·청소년 동아리도 운영하고 있습니다. 교실안에서 뿐 아니라 지역사회에서도 제 경험과 교육철학을 펼치는 활동을 계속하고 싶습니다.

이미 학원 온라인 마케팅으로 많은 변화를 이뤄내셨습니다. 그 전과 후 체감하는 사항을 이야기 주시겠어요?

저는 현재 블로그를 중심으로 하고 인스타그램에 일상을 간단하게 올리고 있습니다. 블로그는 그코칭(2주간의 학원 블로그 코칭 과정)을 마친 후 오공블(그코칭 수료자들 대상의 블로그 글쓰기 모임)로 정기적으로 포스팅을 올리고 있습니다. 저는 블로그를 2007년에 처음 만들었습니다. 원서수업 교습소 시절에 시작한 것입니다. 그 때에도 수업하는 모습을 꾸준히 올리고, 학부모 상담으로 이어지기는 했지만, 최근 2년 동안의 전략적인 블로그 쓰기를 통해 확실한 효과가 나타났다고 생각합니다. 이전의 블로그가 내 수업을 정리하는 일기처럼 자기 만족적인 포스팅이었다면, 최근 2년 동안의 블로그 포스팅은 집 밖으로 한 발짝 나가서 소리치는 포스팅이라고 할까요.

하지만 사실 블로그가 제게 준 의미는 신규학생 상담에만 있지 않습니다. 블로그를 쓰면서 "내가 처음에 결심하고 약속한 교육철학에서 지금의 수업이 멀어지지는 않았는지"를 되돌아보게 되는 것이 오히려 더 큰 장점이 아닌가 싶습니다. 블로그를 쓸 때마다 작심삼일의 약속을 하는 느낌이랄까요. 요즘은 오공블 모임을 통해서 5일마다 블로그를 쓰고 있으니 작심 5일인 셈입니다. 학부모님들께도 수업모습과 교육철학을 한 번에 보여줄 수 있는 곳이 블로그인 것 같습니다.

또 한 가지, 블로그는 제 경험과 고민을 다른 원장님들, 또는 다른 교육기관 (제 경우에는 다른 도서관이나 평생교육기관) 등을 만나게 하는 통로가 되기도 합니다. 블로그 포스팅을 보고 강의 섭외가 들어오기도 하고, 강사 교육세미나를 홍보하는 창구의 역할을 하기도 합니다. 마치 가게에 큰 창문이 있으면 상품도 진열하고 안에서는 밖을 보고 밖에서는 안을 들여다 볼 수 있는 것처럼 블로그는 제 직업의 창문이 되는 것이죠. 그래서 혼자 일해도 (물론 저는 학원에 동료들이 있습니다만) 외롭지 않고 서로 배우고 가르칠 수 있는 소통 창구가 되는 것 같습니다.

정리하자면 블로그를 통해 나를 되돌아보고, 세상을 더 넓게 만날 수 있게 되었다랄까요.

Q3 듣고 보니 블로그가 단순히 학원 홍보의 의미를 넘어서서 원장님 스스로의 성장과 방향성에도 큰 영향을 미쳤군요. 이미 블로그 전문가이실 듯 합니다. 블로그 쓸 때, 신규 상담 부르게 하는 원장님만의 필살기가 있다면 소개해 주세요. 그리고 실제 상담을 불러왔던 포스팅 제목과 내용도 궁금해요.

블로그에 글을 쓸 때 수업내용을 다양하게 사진으로 넣어 시각적으로 보이는 글쓰기를 하고 있는데, 이러한 것들이 좋은 효과가 난다고 생각해요. 예를 들어 아이들이 뭔가 활기차게 활동하고 있는 모습을 최대한 많이 넣는 다거나⋯. 굳이 말하자면 이런 것이 필살기랄까요.

저는 영어 원서수업을 하고 있기 때문에 그냥 교재를 푸는 모습보다는 다양한 수업모습을 남길 수 있어요. 이러한 차별적인 모습이 블로그를 시각적으로 표현하는 데 조금 유리한 듯도 합니다.

상담과 관련된 포스팅으로는 2022년 반 편성표를 올린 포스팅이 클릭 수도 많고 상담에 직접적으로 도움이 되고 있습니다. 블로그 운영을 10년을 넘게 했지만 이렇게 일목요연하게 수업을 설명하는 포스팅은 블로그 글쓰기 코칭을 받고서야 제대로 할 수 있게 되었습니다. 내가 좋은 글이 아니라 고객의 입장에서 글을 쓰라는 말이 무슨 말인지를 뒤늦게 깨달은 것이지요. 이것도 블로그 코칭 도중에는 감을 잡지 못했는데, 오공블에 1년 가량 참여한 후에야 감을 잡았습니다. 완전 고집불통 지진아 학생인거죠.

직접적인 상담과 연계된 글은 아니었지만, "가을에 가 볼 만한 곳 신구대 식물원" 글은 가장 많은 클릭 수를 얻었습니다. 이 글은 직접적인 상담 연계글은 아니었지만, 제가 운영하는 사립도서관 소속 위례어린이 기자단이 간 것을 리뷰한 것이라 기자단 홍보가 되었을 거라 생각합니다. 자연스레 저의 도서관과 제 학원도 홍보되었을 거구요.

탈레반이 아프가니스탄을 점령했을 때에는 마침 그에 관련된 책을 수업하고 있을 때라 관련 포스팅을 올렸더니 클릭 수가 제법 나왔습니다. 원서수업의 참모습을 보여주었달까요. 보다 전문적인 원서수업에 대한 인상을 줄 수 있었던 것 같습니다.

Q4 왠지 블로그가 제2의 상담 실장님 역할을 한다는 느낌이 드는군요. 학원 운영 경력이 매우 긴데, 처음부터 블로그 마케팅을 하시지는 않았을 겁니다. 혹시 예전 초창기 원장님이 진행했던 홍보 방법을 기억하세요? 만일 그때로 돌아가서 다시 시작한다면 어떻게 홍보 마케팅을 하실 건가요?

처음 교습소를 오픈했을 때는 (워낙 옛날이라…) 전단지 홍보를 많이 했습니다. 빌라와 아파트에 전단지 수천 수만 장을 직접 걸어 다니면서 뿌렸습니다. 그 때 생긴 다리근육이 제 체력의 근원인 것 같기도 합니다. 하지만 전단지 홍보를 안한 지는 4년 이상 된 것 같습니다. 지금 지역이 신도시 아파트라 전단지를 들고 들어갈 수도 없고 효과도 없기 때문이지요.

그 때로 다시 돌아간다고 해도 전단지를 돌리지 않을까 싶어요. 지금과 같이 블로그, 인스타그램과 같은 SNS가 활성화되지 않은 시기일테니까요. 하지만 한 가지 더 한다면 인터넷 카페에 정기적으로 칼럼 같은 걸 쓰거나 할 것 같아요.

과거의 전단지부터 현재까지 많은 학원 홍보 마케팅을 경험하셨습니다. 지금까지 해본 학원 홍보 마케팅 중 가장 효과를 본 방법은 무엇이었나요?

지역 맘까페에 학부모가 소개하는 글을 써 주셨을 때 가장 효과를 보았어요. 이건 제가 부탁하거나 한 게 아니라 정말 순수하게 소개글을 올려 주신 거였습니다. 어느 날 갑자기 정신을 차릴 수 없게 상담 전화가 밀려들어왔는데, 알고 보니 맘까페 글을 보고 학부모님들로부터 연락이 온 거였어요.

그 맘까페는 홍보글을 엄격하게 통제하는 곳이에요. 광고성 글이 아닌 정말 체험한 것을 진솔하게 올려 주신 게 신뢰를 주었던 거죠. 그리고 그 글에 다른 분들도 "나 여기 아는데 정말 잘하는 곳이다."라는 댓글이 여러 개 달렸습니다. 몇 년 전 글인데도 가끔 그 이야기를 하시면서 오시는 분들이 아직도 계십니다. 하지만 그 글에 연락처가 있는 것이 아닌데, 그 글을 보신 분들이 다시 블로그, 네이버플레이스, 모두 홈피 등을 통해서 어떻게서든지 연락처를 찾아 연락을 주셨어요. 어딘가의 추천 및 검색을 통해 연락처를 찾고, 그리고 블로그나 인스타그램을 통해 수업 모습을 확인하고, 그리고 상담전화 또는 방문으로 이어지는 것 같아요. 이렇게 연락주시는 분들은 상담을 위한 전화가 아니라, 등록을 위한 문의 전화로 연락들을 주시는 경우가 많습니다.

Q6
답변만으로도 원장님의 내공이 느껴집니다. 최근에는 학원 홍보마케팅을 위해 얼마나 투자하시나요? 시간이나 에너지 혹은 광고비 등 자유롭게 답변 주세요. 아! 그리고 만일 혹시 마케팅 비용 500만 원이 생겼다면, 어디에 쓰실지도 궁금해요.

현재는 블로그 글쓰기와 인스타에 가끔 수업 모습을 올리는 것만 하고 있어요.

블로그는 5일에 한 번씩 쓰고 있는데, 포스팅 한 건 당 한 시간에서 두 시간 정도 시간을 들여 쓰고 있습니다. 수업모습 중심으로 올리는 거라 그리 힘들지는 않아요. 사실 칼럼같은 양질의 블로그 연재 포스팅을 쓰고 싶은데, 그건 정보도 모으고 정리를 해야 해서 시간이 많이 걸리는 관계로 점점 뒤로 미루게 되는 것 같아요.

인스타그램은 1주일에 2~3번 정도 올립니다. 단 특강이나 교사세미나를 할 때에는 약 5~6만 원 정도의 홍보비를 써서 인스타그램 광고를 돌리기도 합니다.

만일 홍보마케팅을 위한 500만 원의 돈이 생긴다면, 저 스스로를 달달 볶아서 유튜브 컨텐츠를 함께 만들 분을 구해서 인건비로 쓰겠습니다. 해야지 해야지 하며 계속 미루고 있는 제 과제 중 하나거든요.

Q7 지금까지의 답변 감사합니다. 선배 원장으로서 이제 막 오픈을 준비하는 원장님에게 주고 싶은 홍보마케팅 조언이 있다면 한 말씀해 주세요.

제가 경험해 보니 홍보는 잘 보이려고 하는 선전이 아니라 나를 보여 주고 신뢰를 쌓는 시간이더라고요. 학부모들에게 잘 보이고 싶어서 홍보마케팅을 통해 사실보다 부풀려서 내 모습을 전달하면, 내 교육사업도 나의 멘탈도 오래 못 갑니다.

나의 현재의 모습을 솔직하고 담백하게 보여주는 용기를 가지세요. 물론 열정을 담는 것은 물론이구요. 그렇게 한다면 도구가 무엇이든 꼭 성공할 겁니다.

"

15년 경력의 수학학원 T원장님

"

 원장님과 원장님 학원을 소개해 주세요.

안녕하세요. 저는 충청지역에서 수학학원을 하고 있습니다. 수업을 시작한 지는 15년이 되었습니다. 지금 이 학원에서 아르바이트생으로 시작하여 실장, 부원장, 분원장을 거쳐 지금은 원장으로 학원을 운영하고 있습니다.

제가 운영하는 학원은 초·중·고등학생을 대상으로 하는 수학 전문학원으로 초등 30명, 중등 120명, 고등 120명 전후의 원생이 다니고 있습니다. 한 때 초등부 원생도 100명을 상회하던 시절이 있었습니다. 2022년에는 초등부 80명 확보를 목표로 열심히 노력하고 있습니다.

이미 학원 온라인 마케팅으로 많은 변화를 이뤄내셨습니다. 그 전과 후 체감하는 사항을 이야기 주시겠어요?

인스타와 블로그를 시작한 지는 3년이 되어 갑니다. 처음에는 방법을 잘 알지 못했기에 글을 올리는 것에 포커스를 맞추다가, 2020년 12월 그래서노벰버 블로그 코칭을 받으며 본격적으로 블로그를 관리하기 시작했습니다. 블로그에 글이 쌓이니 자연스럽게 인스타그램의 방향도 바뀌어 초반에 카드뉴스 형태에 머물던 피드들이 다양한 정보와 학생들의 모습들로 변화되었습니다.

초등·중등의 경우 학부모의 영향이 아직은 크기 때문에 블로그에 힘을 쏟습니다. 현재 초등의 경우에는 학원에서 진행하는 수학프로그램에 대한 설명을 블로그를 통해 모두 확인하고 오시는 분이 대부분입니다. 그래서 상담이 바로 등록으로 이어지는 경우가 많습니다.

고등부의 경우 인스타를 중심으로 홍보했어요. 저희 학원은 우리 지역 일대에서 '잘 가르치지만 힘든 곳'이라는 이미지가 강해 진입장벽이 높았습니다. '학부모님은 보내고 싶어하지만 아이들은 싫어하는 곳'이라고 말하면 정확하겠네요. 그렇기 때문에 SNS를 통해 학생들의 인식을 변화시키고자 노력하고 있습니다. 학생들은 블로그보다는 인스타그램이 친숙하기 때문에 힘들어도 즐겁게 공부할 수 있는 곳, 성적으로 보상받는 곳이라는 이미지를 주도록 인스타그램 피드를 구성하고 있습니다.

고등부의 경우 실제 공부하고 테스트하는 사진을 자주 올립니다. 대부분의 사진들 속 아이들은 고개를 숙이고 있어 얼굴을 잘 나오지 않지만 친구라면 누구인지 정도는 알 수 있는 그런 사진들이에요. 아이들 사이에서 자신과 친한 친구의 사진을 인스타에서 만나게 되니 학원을 더욱 친근하게 느끼고 상담을 오게 됩니다. 재원생의 경우 자신의 공부하는 사진이 인스타에 올라가고, 자신의 성적향상이 광고되는 것을 맛본 학생들은 더욱 열심히 하는 모습을 보이기도 합니다.

Q3 학원의 문제점과 타겟 고객층의 속성을 잘 이해하고, 그에 맞는 홍보마케팅을 제대로 하고 계시군요. 성과가 나는 이유가 있었네요. 처음 오픈했을 때 하신 학원 홍보마케팅 기억하시나요? 그때로 다시 돌아간다면 어떻게 홍보마케팅을 하실 건가요?

처음에는 전단지와 현수막, 배너, 아파트 엘리베이터 유리 광고를 주로 진행했습니다. 학교 앞에서 전단지도 많이 돌렸습니다. 온라인 마케팅은 전무하던 시절이기도 했고, 큰 관심이 없기도 했습니다. 새학기마다 전단지와 현수막, 배너를 작업하는 데에 비용과 시간을 많이 쏟았습니다. 제작하고 설치하는 데까지 시간도 적지 않게 소요됐기 때문에 한

번 하려면 마음먹고 할 수밖에 없었죠. 업체에 맡기면 100% 만족이 안 되고, 스스로 하려니 시간이 많이 걸려 스트레스가 많았습니다.

오픈 했을 때로 돌아간다면 블로그부터 개설하지 않을까 합니다. 10년 전에도 블로그는 존재했고 그 당시에도 파워블로거들이 있었는데, 글을 쓴다는 것이 부담스러워 주저했던 것이 아쉽습니다. 블로그 개설 후 교육정보 등을 올리는 꾸준한 블로그 활동으로 파워블로거가 된다면 학부모님들께 더욱 신뢰받는 학원이 되지 않을까 생각합니다.

Q4 블로그 마케팅에 대한 신뢰가 매우 크시군요. 이미 많은 결과를 냈기 때문이라 생각이 됩니다. 블로그 쓸 때, 신규 상담을 부르는 원장님의 필살기를 좀 공유해 주세요.

우선 제목이 가장 중요하다고 생각하는데요. 지역 키워드보다는 학교를 넣은 키워드가 클릭수가 훨씬 많았습니다. 제목에 학교 이름을 넣어 작성한 글은 주로 학생들의 학습 결과(성장과정)를 보여주는 글입니다. 특정 학교를 언급하는 글은 학부모로 하여금 우리 학원이 특정 학교에 대한 정보를 많이 알고 있고, 시험 등을 더욱 특별하게 대비해 준다는 인식을 갖게 합니다. 나와, 혹은 내 자녀와 같은 학교에 다니는 학생들이 이 학원을 통해 어떤 성장을 하는지 보게 되면 더욱 친근하게 느끼는 효과도 있는 것 같습니다.

Q5 가장 많은 클릭을 불러왔거나 혹은 상담을 불렀던 포스팅이 궁금해요. 어떤 포인트가 그런 성과를 내도록 했을까요?

가장 많은 클릭을 가져왔던 글은 '○○여고 전교 1등이 알려주는 수학 공부법'이라는 제목의 포스팅이었어요. 학교 별 상위권 학생들이 수학을 어떻게 공부하고 있는지 자신들이 노하우를 간단하게 정리한 글이었습니다. 사진으로 ○○여고 전교 1등 학생의 성적표를 삽입했는데, 포스팅 후 ○○여고 학생들의 문의가 많았습니다.

실제 많은 등록으로 이어진 글은 '초4 수학학원 보내야 할까요?'였습니다. 저희 학원이 중·고등 이미지가 강해지다 보니 초등부 재원생이 많이 줄어 요즘 초등부를 타켓으로 한 글을 쓰고자 많이 노력하고 있습니다. 그래서 기획했던 글이었는데 효과가 나서 뿌듯했어요. 지역 키워드를 넣거나 인스타 홍보를 따로 하지 않았음에도 불구하고, 본 블로그 글을 읽고 네이버 톡톡으로 문의 및 등록으로 이어진 사례가 많았습니다.

Q6 좀더 다채로운 학원 마케팅 이야기가 궁금해요. 원장님께서 현장에 계시면서 지금까지 가장 효과를 본 홍보마케팅 방법은 무

엇이었나요?

코로나 이전에는 우리 지역에서 설명회를 가장 많이 하기로 유명한 학원이었습니다. 대입전략을 넘어 고교선택 전략, 예비중 설명회 등 30분 가량을 모시고 학원에서 진행하기도 하고 장소를 빌려 200명 넘는 학부모님들을 모시기도 했습니다. 설명회는 학원의 정보력을 보여주는 동시에 자연스럽게 학원 홍보로 이어져 신규생 유입에 도움이 되었습니다.

코로나 이후 설명회가 어려워져 온라인을 통해 진행해 보았지만 오프라인 설명회만큼 파급이 크지 않아 온라인 마케팅으로 시선을 돌려 SNS를 적극 활용하게 되었습니다.

최근에는 수시 결과 발표 후 합격한 학생의 합격증을 바로 인스타그램에 게시한 것이 중·고등부 신규생 유입에 많은 도움을 주었습니다. 실시간으로 홍보가 가능하다는 인스타그램의 장점을 백 번 활용하여 큰 효과를 봤다고 생각합니다.

Q7 원장님의 에너지, 시간, 그리고 투자가능한 비용은 한정적일겁니다. 어떻게 분배해 활용하는지 궁금해요.

매 달 오공블(그래서노벰버 블로그 코칭 과정 수료자 대상의 블로그 글쓰기 모임)에 참여하며 5회 이상의 블로그 글쓰기를 진행하고 있습니다. 글마다 차이는 있지만 한 번의 포스팅에 소요되는 시간은 약 4시간 가량입니다. 한 번에 쓰기도 하고 며칠에 걸쳐 쓰기도 합니다.

인스타그램은 주 2회~3회 올리고 있고 월 10만 원 가량의 광고비를 투자합니다. 분기별로 배너를 제작해 건물 입구에 교체해가면서 두고 있습니다. 1년치의 성과를 바탕으로(고입, 대입실적, 경시대회 입상실적 등) 연 초에 현수막을 제작해 학원 외벽에 부착하고 있습니다.

Q8 원장님의 블로그 포스팅을 볼 때마다 그 퀄리티에 감탄하게 되는데 다 이유가 있었군요. 4시간 가량 혹은 며칠에 걸쳐 시간을 투자해 쓰신다는 이야기는 매우 인상적입니다. 역시나 상담을 부르는 블로그 글에는 다 이유가 있네요. 시간과 정성이 만들어낸 결과일 겁니다. 원장님에게 사용할 보너스 500만 원이 생겼어요. 6개월 내에 사용해야 하고 학원 홍보마케팅에만 써야 합니다. 어떻게 사용할 건가요?

코로나 상황 이전과 같다면 무조건 중·고 입시 전문가를 모시고 대규모 설명회를 진행하고 싶습니다. 과거에 이미 설명회의 힘을 경험했었기 때문이에요. 그 정도 예산이라면 여러 좋은 분들을 섭외할 수 있을 거라 기대됩니다.

Q9 선배 원장으로서 이제 막 오픈을 준비하는 원장님에게 주고 싶은 홍보마케팅 조언이 있다면?

　홍보라는 것을 너무 거창하게 생각하지 마시기 바랍니다. 학원의 일상이 곧 홍보라는 생각으로 임하시는 것이 좋은 것 같습니다. 저도 처음에는 어떤 주제로 홍보를 할 것인가 고민하는 것이 너무 스트레스였어요. 하지만 학원에서 새로 나가는 교재, 아이들의 학습 모습, 학습 결과, 이벤트 등 학원의 일상을 바탕으로 블로그와 인스타그램을 구성하다 보니 홍보가 저절로 되고 있더라고요.

　처음 6개월 정도는 전단지나 현수막, 배너 등을 활용하여 우리 학원이 새로 생겼다는 것을 인식시키는 데 투자하세요. 그리고 그 시선을 블로그와 인스타그램으로 돌려 지속적으로 노출시킨다면, 초기 목표달성이 크게 어렵지 않을 것이라 생각됩니다. 저는 아직 사용하고 있지 않지만 카카오톡 채널도 유용할 것 같습니다.

66

22년 유아교육 경력의 수학 공부방 원장님

99

Q1 원장님과 공부방을 소개해 주세요.

벌써 유아교육 경력 22년이네요. 유아·초등·저학년 대상으로 교구 수학을 가르치고 있습니다. 거주지에서 운영하고 있는 소규모의 공부방입니다. 현재는 대부분의 수업이 정원 마감으로 대기자를 받고 있는 상황입니다. 더 크게 확장할 계획은 아직 없습니다. 우선의 현재의 상황을 잘 유지하고 싶습니다.

Q2 정원 마감에 대기자까지 받는 상황이라니 엄청 든든하시겠어요. SNS로 학원 홍보하기 전과후 가장 큰 변화는 무엇인가요?

가장 큰 변화라고 한다면 상담 후 등록으로 이어지는 성공률이 거의

90% 이상이라고 할 수 있습니다. 이전에는 상담 후 등록으로 이어질지 아닐지 걱정하며 기다리는 시간이 많았습니다. 지금은 걱정하며 기다리는 시간은 거의 없다고 볼 수 있습니다.

또한 블로그를 통해 그동안 저의 수업 커리큘럼 등을 잘 정비를 해왔어요. 학부모들에게 수업에 필요한 내용과 정보 등을 전달하게 되는 경우 SNS에 기록해 두었던 것들을 적극 활용하고 있습니다. 홍보를 위해 정리한 컨텐츠가 상담 학부모님뿐만 아니라 재원생 학부모님을 대상으로도 다방면으로 활용되고 있어 효율적으로 운영하고 있습니다. 상담시간이 많이 줄었습니다.

Q3 블로그가 대신 상담을 하고 있군요. 블로그 글을 학부모들에게 적극 활용하고 있다고 하셨는데, 그 비법 좀 알려주세요

그래서 노벰버님의 코칭으로 만들어진 거라 저만의 비법이라고 하기는 어렵긴 하지만, 학부모가 궁금해하는 정보성 글을 나의 교육에서 어떻게 적용하는지를 보여주도록 하는 것입니다.

정보성 글을 쓸 때는 맘카페에서 학부모님들이 질문하는 것들을 참고하는 편이에요. 즉 제가 쓰고 싶은 내용으로 블로그 포스팅을 하지 않고, 학부모님들이 궁금해하며 찾는 정보가 무엇인지를 파악하고, 그 내

용으로 정보성 컨텐츠를 만들고 있어요. 그리고 그런 글들이 저와 제 교육을 신뢰하게 만드는 데 큰 역할을 하고 있어요.

 '정보성 컨텐츠' 맞아요. 중요합니다. 누군가에게 무엇을 얻고자 하면 내어주어야 한다는 이야기가 있는데, 학부모의 신뢰를 얻기 위해 정보성 컨텐츠를 잘 활용하고 계시군요. 큰 효과를 가져왔던 정보성 컨텐츠 사례를 좀 공유해 주실 수 있나요?

'곱셈구구 그냥 외우게 하실건가요? 인천신현초등학교 앞 수학선생님이 알려주는 곱셈 개념'이란 제목의 정보성 블로그 글이었어요. 초등 저학년 학부모들이 관심있어 하는 '곱셈구구'를 컨텐츠의 주제로 삼았고, '인천신현초등학교'를 네이버 검색 키워드로 잡아서 지역내 학부모 유입이 많았어요.

내용은 곱셈구구(구구단)를 외울 때 '달달 외우기만 하는 것이 중요하지 않고 곱셈의 개념을 잘 이해하도록 하는 것이 중요하다'는 것을 강조했습니다. 곱셈의 개념을 잘 이용하려면 구체물을 사용해야 한다는 점을 강조하면서, 쉽게 이해할 수 있도록 사진도 정말 많이 넣어주었어요. 더불어 구구단을 외울 때 즐겁게 외울 수 있는 방법은 무엇인지를 소개했습니다. 이렇게 설명을 하니 거창해 보이는데, 학부모들이 읽기 쉽게 표현하면서 사진을 넣어 보이는 글쓰기로 작성했어요. 제가 직접 기획하고 쓴 글이긴 하지만, 저 대신 상담도 하고 학부모 연락도 불러왔던 고마운 포스팅입니다.

Q5 언제부터 이렇게 블로그를 내 공부방의 홍보 무기로 활용 하신 건가요?

오픈 초창기부터 홍보를 위해 블로그를 쓰기는 했습니다. 지금 생각 하면, 블로그 포스팅을 발행하는 주기나 글의 내용이 너무 창피할 정도 입니다. 그때는 블로그가 큰 효과는 없었어요. 블로그가 효과가 없던 것 이 아니라 제가 효과를 내는 블로그를 운영하지 못했던 거죠.

그래노벰버님의 블로그 글쓰기 코칭을 통해 제대로 상담을 부르는 글쓰기를 하게 되었어요. 지금은 블로그 포스팅할 때 글 500자 이상, 그 리고 직접 찍은 사진 3장 넣어 글을 쓰는 것이 너무나 익숙해져 있어요. 어떤 식으로 글을 써 나가야 학부모님의 마음도 얻는지도 감을 잡고 있 습니다.

Q6 오랜 시간 공부방 운영을 해 오셨는데요, 지금까지 가장 효과를 본 홍보마케팅 방법은 무엇이었나요? 그리고 그런 홍보를 위해

시간적 금전적 어떤 투자를 하고 계신지도 궁금해요.

꾸준히 쓰는 블로그입니다. 그래서 노벰버님이 요즘 말씀하시는 부분이 딱 맞아 떨어지는 것 같아요. 나의 물건을 사게 하려고 호객하기보다는 정보를 전달함으로써 나를 알리는 것이 가장 큰 홍보인 것 같습니다. 오프라인 홍보는 처음 오픈 1년 이후에는 하지 않고 있습니다. 현재는 오공블을 통해 5일마다 한 번씩 블로그에 정보글을 쓰고 있습니다.

그리고 제휴하고 있는 지역 맘카페 게시판에 제 블로그에 썼던 내용을 똑같이 쓰고 있습니다. 비용은 6개월에 24만 원을 지불하고 있는데, 만족하고 있습니다. 광고비 치고는 나름 저렴한 편이라고 생각합니다.

 선배 원장으로서 이제 막 오픈을 준비하는 원장님에게 주고 싶은 홍보마케팅 조언이 있다면 한말씀 해 주세요.

노벰버님이 자주 하시는 말씀!

아무것도 하지 않으면 아무 일도 일어나지 않습니다.

저는 이 말이 너무 공감 되더라고요. 이 말 때문에 힘을 얻어서 더 열심히 무언가를 했고, 그 덕분에 제가 원하던 목표의 인원 수를 달성하게 되었습니다. 망설이지 말고 지금 실행하세요! 바라면 이루어집니다.

>>

35년 경력의 유아 음악미술 학원 원장님

,,

Q1 원장님과 학원을 소개해 주세요.

음악미술학원을 35년째 운영해 왔습니다. 지금은 복현동에서 유초등 대상으로 음악미술학원을 운영하고 있어요 저는 전공이 피아노이고, 처음에는 피아노학원만 하다가 미술수업을 같이 하면서 예능전문학원으로 동네에서 인정받고 있습니다.

Q2 학원 온라인 마케팅은 언제부터 시작하신 거에요?

저는 아주 오래전부터 학원을 해왔고, 온라인 마케팅은 저와 전혀 상관없는 딴 세상 이야기라 생각했었습니다. 블로그는 주변에서 해야 한다고 해서 예전부터 운영을 해왔어요. 그러다가 코로나가 터지면서 피아노

실기 라이브 방송들이 활발해지면서 인스타그램을 접하게 되었습니다.

인스타그램을 알게 된 후에, 어떻게든 공부해서 제대로 된 온라인 마케팅을 해내야겠다는 결심을 했어요. 콜럼버스가 신대륙을 발견하듯 컴맹이었던 제가 그래서노벰버님의 강의 및 코칭에 참가하면서 새로운 온라인 마케팅 세상을 접하게 되었어요. 잘하기 위해 정말 열심히 배우며 실천했습니다. 이렇게 본격적으로 제대로 하게 된 건 교육을 받기 시작한 2021년 11월초부터에요.

Q3 온라인 마케팅을 본격적으로 하기 전과 후 체감하는 사항을 이야기해 주시겠어요.

온라인 마케팅을 하면서 상담시간이 줄었어요. 과거 제가 하던 오프라인 홍보는 아무리 전단지를 돌려도 제가 일일이 다 상담하고 설득을 해야 했었어요. 하지만 온라인 마케팅은 단순하게 신규 상담의 기회를 얻는 자체로 끝나지 않아요. 상담까지도 대신해 줍니다. 기존에 오프라인 홍보와는 상상할 수 없는 효과이기도 해요.

어제는 학부모님이 전화를 주셨는데, 대뜸 월요일부터 바로 보낸다고 계좌번호를 달라고 하시더라고요. 제가 웃으면서 "학원 구경도 안하시고 저도 안 만나시고. 바로 등록하시나요?" 했더니, 블로그에서 다 보셨다고 하시면서 교육비를 입금해 주셨어요. 예전 같으면 상상도 할 수 없는 일이에요. 요즘 젊은 엄마들이라서 이러한 온라인 컨텐츠에 더 익숙한 걸 수도 있겠네요.

온라인으로 홍보하기 전에는 예비 소집일과 입학식날마다 홍보물을 들고 가서, 선생님들과 학교앞에서 홍보했습니다. 20년간 해오던 학교앞 홍보를 2022년부터는 하지 않게 되었습니다. 굳이 안해도 인원이 채워지기 때문입니다. 과거 학교앞 홍보를 나가던 시간에 올해는 컴퓨터 앞에 앉아 블로그를 썼습니다. 저에게 일어난 엄청난 변화입니다.

현재 온라인 마케팅을 통해 놀라운 결과를 이뤄내는 중이에요. 2022년 1월달부터 계속 신입상담과 등록이 끊이지 않고 계속 이어지고 있어요. 그래서 3월 초 현재까지 새롭게 등록한 원생은 30명이 되었어요.

Q4 신입생 30명이라니 정말 저도 놀랍네요. 온라인 마케팅을 시작한후 바로 효과를 보신 건가요?

아니에요. 온라인 홍보 결과가 빨리 나지 않았어요. 함께 교육에 참여했던 다른 과목 선생님들은 바로바로 블로그나 인스타그램으로 신규 상담이 일어나서 너무나 부러웠어요. 단톡방에서 너무나 즐거워들 하시는데, 제 블로그를 통해서는 좋은 소식이 들리지 않았습니다. 2021년 11월부터 본격적으로 블로그 글을 쓰고 인스타그램을 했는데, 저의 경우 계속해서 성과가 나지 않아 많이 속상해서 무엇이 문제인지 고민이 되었습니다.

그런데 3개월이 지난 올해 1월부터 갑자기 매일같이 전화상담과 등록이 이루어지고 있어요. 블로그의 경우 효과를 보기까지 시간이 걸린다는 이야기를 들었는데 이제는 그게 무슨 말인지 알겠어요. 과목마다 선생님마다 결과가 다를 수 있습니다. 조급해 마시고 열심히 블로그도 하시고 인스타그램 피드도 꾸준히 올리시면 좋은 결과가 나올꺼라 확신합니다. 제가 그랬거든요.

Q5 성공적인 SNS 온라인 마케팅을 해 내신 거 정말 축하드립니다. 원장님이 홍보를 위해 인스타나 블로그 컨텐츠를 만들 때 특별한 비법 같은 게 있나요? 보통 어떤 컨텐츠들이 좋은 반응을 가져오나요?

제 학원은 유아 친구들이 가장 주요 타겟이에요. 그러다보니 음악이건 미술이건 처음 접하게 되는 친구들이 많아요. 학원 역시도 처음 오는 경우도 많구요. 아이도, 학부모도 첫수업이 긴장되고 궁금할 겁니다. 그래서 저는 자연스럽게 아이들과 첫 수업한 영상을 블로그와 인스타그램에 올려요. 제 첫수업의 노하우가 매우 특별하거든요. 그걸 보시고 학부

274 부록 | 성과를 내는 원장님들의 마케팅 이야기

모님들도 첫수업에 대해 만족해 하며 안도감을 갖게 되십니다. 아직 등록하지 않은 학부모님들도 궁금했을 부분인데 미리 살펴볼 수도 있구요.

저와 같이 유아 혹은 초등 대상의 원장님들이라면 나만의 첫 수업 노하우는 꼭 고민하시고 가지고 계셨으면 좋겠어요. 그리고 그걸 잘 전달하면 부모님들이 만족하시며 좋아하실 겁니다.

Q6 35년간이나 학원을 운영하셨다면 학원 홍보 역사와 세월을 같이 하셨을 텐데요, 과거에는 어떻게 홍보를 하셨나요? 그때로 다시 돌아간다면 어떤 선택을 하실지도 궁금해요.

처음 홍보했을 때에는 전단지에 의존했어요. 4,000부를 찍어 아파트에 몰래 들어가서 우편함에 넣다가 수위 아저씨께 걸려 회수하기도 했었죠. 신문에 돈을 주고 같이 껴서 전단지를 돌리기도 했어요. 노력에 비해 성과가 없었지만 당시에는 그것만이 제가 할 수 있는 방법이었습니다. 그 시절로 돌아간다면 당장 온라인 마케팅을 할 것 같아요. 하지만 35년 전이면 인터넷이 없었겠군요.

Q7 이미 학원 온라인 홍보 마케팅의 예찬론자가 되셨네요. 만족스런 결과를 체감하셨기 때문일 겁니다. 온라인 마케팅을 하기

위해 평소 얼마나 많은 시간과 비용을 투자하고 계신가요?

5일에 한 번은 무조건 블로그를 발행합니다. 블로그를 처음 할 때에는 글쓰고 발행하는 데 2시간 가량이 걸렸는데, 지금은 30분 만에 뚝딱 써내고 발행할 때도 있답니다. 그만큼 많이 익숙해졌어요.

인스타그램 피드는 하루에 한두 개는 꼭 올리고 있습니다. 인스타그램 광고는 노벰버님 인스타 코칭 과정을 들으면서 해보긴 했어요. 당시 하루 5천 원씩 6일간 진행하는 것을 두 차례 해보긴 했는데, 현재는 돈 내고 광고하지 않아도 신규생 문의가 들어오고 있어서 따로 광고하고 있지는 않아요. 당근마켓에도 무료 쿠폰으로 두 번 광고를 올린 적이 있습니다.

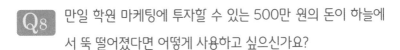 만일 학원 마케팅에 투자할 수 있는 500만 원의 돈이 하늘에서 뚝 떨어졌다면 어떻게 사용하고 싶으신가요?

생각만 해도 너무 좋네요. 다시 그래서노벰님의 블로그, 인스타그램, 온라인 마케팅 코칭 과정들을 모두 3번씩 반복해서 수강하고, 나머지는 인스타그램 광고비로 사용하고 싶어요. 저의 경우 이런 코칭 교육이 없었다면, 남들이 하는 온라인 마케팅을 먼발치에서 쳐다보기만 했을 겁니다.

저는 이런 온라인 세상에 익숙치 않고, 배우는 것도 젊은 선생님들이 비해 더딥니다. 이런 제가 교육을 통해 신세계를 경험하고 좋은 결과를 내고 있어요. 교육의 힘을 더욱 신뢰하게 되었어요. 저를 발전시킬 수 있는 마케팅 교육에 투자하고 인스타그램 광고비에 쓸 겁니다. 요즘에도 다양한 과정들을 재미있게 공부하고 있습니다.

Q9 마케팅 예산 비용을 나를 레벨업시킬 수 있는 교육에 투자한다고 하시니, 원장님의 배움에 대한 열정은 정말 끝이 보이지 않네요. 멋지십니다. 마지막으로 이제 막 오픈한 원장님께 해 주고 싶은 홍보마케팅 조언이 있다면요?

학원을 오픈하기 전에 미리 온라인 마케팅부터 먼저 공부하라고 조언해 드리고 싶어요. 저는 블로그를 오래전에 시작했어도 올바른 방법도 모른 채 열심히만 하면 잘되는 줄 알았어요. 당시에는 방법을 모르고 해서 시간 낭비만 했어요. 나이가 들어보니(81학번입니다~♡) '시간이 돈이다'라는 말이 가장 가슴에 와 닿아요. 나이가 들면 할 게 너무 많고 시간이 부족합니다.

창업을 하기 전에 많이 알아보고 돌다리를 몇 번 두드려보고 신중히 추진하세요. 그리고 내 과목에 대한 전문성과 운영도 중요하지만, 내 교육을 잘 포장할 수 있도록 SNS 공부를 꼭 하시기 바랍니다. 튼튼하고 진실한 학원 블로그와 꽉 차고 알찬 인스타그램을 열심히 운영한다면, 원장님의 좋은 교육에 걸맞게 성공적으로 학원을 운영하시게 될 겁니다. 원장님들! 응원합니다.

부록 2

온라인 마케팅, 용어만 알아도 쉬워요

별것 아닌 것도 용어가 생소하면 어렵게 느껴집니다. 거꾸로 말하면 용어만 제대로 이해해도 어려워 보이는 것이 별것이 아니란 이야기입니다.

중요하지만 알고 보면 쉬운 온라인 마케팅 용어를 모아서 설명해드리겠습니다.

마케팅 용어

○━━ 포지셔닝(positioning) : 기업이나 제품의 위상을 정립하기 위해 마케팅 믹스를 통해 소비자들에게 자사 제품의 정확한 위치를 인식시키는 것입니다. 쉽게 이야기해 소비자의 머리 속에 각인시키는 내 상품이나 서비스에 대한 인식입니다. 쿠팡하면 당일 배송을 떠올리고, 마켓컬리하면 새벽 배송을 떠올리는 것도 포지셔닝입니다

🔑 타겟팅 : 전체 시장을 세분화한 후, 하나 혹은 복수의 소비자 집단을 목표 시장으로 선정하는 마케팅 전략 과정입니다. 영어 학원 시장을 예로 들어 보겠습니다. 중·고등 대상의 영어 학원 중에도 특목고 대상의 영어 학원, 공부 못하는 친구들을 위한 특화된 영어 학원이 있을 겁니다. 성인 영어 시장에도 외국계 회사원을 위한 현장 비즈니스 영어에 특화된 학원도 있을 겁니다. 이렇게 표적을 정하여 그에 맞춰 마케팅하는 것이 타겟팅입니다. 온라인 광고 마케팅에서는 성별·지역·관심사와 같은 항목으로 타겟을 구분해 설정할 수 있습니다.

🔑 캠페인 : 보통은 선거 운동을 떠올립니다. 온라인 광고 마케팅에서는 내가 목표로 삼은 특정 잠재 고객을 대상으로 이뤄지는 광고 마케팅 세트나, 특정 영역에 광고를 내보내기 위한 설정을 캠페인이라고 합니다.

🔑 랜딩페이지 : 온라인 광고 마케팅에서 사용되는 용어로, 광고를 클릭했을 때 이용자가 최종적으로 도착하는 웹페이지를 말합니다. 보통은 이름과 연락처를 적은 페이지로 가거나, 무언가를 구매하도록 유도하는 판매 페이지로 연결됩니다. 작은 학원들의 경우 블로그 포스팅을 랜딩페이지로 많이 활용합니다.

온라인 광고 개념 용어

⚷ 참여(*engagement*) : 내 브랜드와 상호 작용을 하는 사람들의 모든 활동을 지칭합니다. 보통 인게인지먼트라고 표현합니다. 인스타그램을 예로 들면, 클릭 | 좋아요 | 댓글 | 퍼가기 | 리그램 | 공유 | 이벤트 참여 등이 인게이지먼트에 속합니다. 이런 인게이지먼트가 활발히 일어나면 구매로 연결될 확률이 높습니다.

⚷ A/B 테스트 : 1개의 변수를 설정해 2가지 광고 캠페인의 성과를 대조 | 비교하여 측정하는 활동입니다. 아이디어를 대중에게 노출시킨 후 그들의 의견을 수렴하여 반응이 더 높은 방향으로 광고를 진행할 수 있습니다. 과거 오바마가 대선 때 쓴 방식이 예시로 많이 나옵니다.

A) 오바마 독사진	B) 오바마 가족사진

오바마 독사진보다 가족사진, 두 가지 버전으로 홈페이지를 무

작위 송출했는데, 가족사진이 더 좋은 결과가 나와 모든 세팅을 가족사진으로 전면 진행했었다고 합니다.

우리가 활용 가능한 온라인 광고에서는 이미 세팅되어 있습니다. 이후에 안내될 페이스북 광고를 예시로 말하면, A/B 테스트 설정 기능을 통해 더 좋은 광고를 선택할 수 있도록 두 개의 광고안을 등록하게 해 주며, 더 좋은 반응을 이끌어 주는 광고를 찾아 줍니다.

◎━ 리타겟팅 : 온라인상에서 사용자의 검색 기록 및 사이트 방문 경로 등을 기반으로 관련성이 높은 광고를 선별해 송출하는 것입니다. 쉽게 이야기하면 온라인 광고에서는 내게 관심을 보였던 이용자의 흔적을 추척해 그들에게만 광고할 수 있는데, 이게 바로 리타겟팅입니다.

웹서핑을 하던 중 관심이 있는 제품이 보여 그 홈페이지를 방문했는데, 그 이후로는 내가 다른 뉴스를 검색할 때마다 옆에 계속 따라다니는 해당 제품의 광고배너를 본 경험이 있을 겁니다. 이것이 가장 많이 사용되는 리타겟팅의 예시입니다. 더 쉬운 예로는 나에게 전화번호를 남긴 사람들을 대상으로 그들에게만 특정 광고 문자를 보내는 것도 리타겟팅입니다.

◎━ 픽셀 : 인터넷상에서 사람들의 행동을 파악하는 추적 도구를 이

야기합니다. 픽셀이란 단어는 이미지상의 가장 작은 단위를 이야기 하는데, 같은 단어가 맞습니다. 일종의 온라인상의 위치 추적기라고 생각하시면 됩니다. 위에 안내된 리타겟팅을 위해 픽셀이 활용됩니다. 보통 웹페이지에 '픽셀을 심었다'라는 표현을 사용합니다.

퍼널 분석 : 사람들의 행동을 측정 가능한 가장 작은 단계로 쪼개 각 단계마다 분석하는 것을 말합니다. 퍼널(funnel)은 깔대기란 뜻의 영어 단어입니다. 온라인 쇼핑을 예로 들면 아래와 같이 여러 단계로 사람들의 행동을 추적할 수 있을 겁니다. 각각의 단계는 별도로 측정 가능하며, 더 좋은 결과를 내기 위한 개

인스타 광고 노출

인스타 광고 클릭

랜딩 페이지 조회

상세 페이지 조회

장바구니

결제

선도 가능할 겁니다. 각 단계마다 잘게 쪼개 최상의 결과를 내게 하면 궁극적으로는 더 큰 구매를 일으킬 수 있습니다. 이런 결과를 내기 위해 퍼널 분석을 활용합니다.

광고 결과 해석 용어

🔑 KPI (Key Performance Indicator) : 핵심 평가 지표입니다. 기업이 자신의 목표를 얼마나 달성하고 있는 지수로 측정하는 거예요. 온라인 광고에서는 사용자 등록 수, 구독 수, 앱 다운로드 수 등 측정 가능한 KPI 설계를 합니다. 내가 무엇을 목표로 하는지에 따라 어떤 지표를 중점을 둘지 설정해야 해요.

🔑 노출 (impression) : 광고가 사람들에게 노출되는 횟수를 이야기해요. 아래는 페이스북 광고 결과 페이지에서 가져온 예시입니다. 사람들에게 27,938번 노출되었다는 뜻이에요.

ⓘ 결과	도달수	노출	결과당 비용
1,422 링크 클릭	15,862	27,938	₩162 링크 클릭당

🔑 도달 (reach) : 광고가 이용자에게 알려지거나 전달된 규모를 이야

기하는데, 온라인 광고에서는 광고를 본 사람의 수를 뜻합니다. 15,862명이 보았다는 의미입니다.

❶ 결과	도달수	노출	결과당 비용
1,422 링크 클릭	15,862	27,938	₩162 링크 클릭당

🔑 **빈도**(Frequency) : 한 이용자에게 같은 광고가 보이는 횟수(1인당 광고 노출수)를 의미합니다.

❶ 결과	도달수	노출	빈도
1,422 링크 클릭	15,862	27,938	1.76

15,862명의 사람이 27,938번 보았음 　　 실제 페북에서

27938 ÷15862=1.7613… 　　 알려준 빈도

🔑 **전환**(Conversion) : 광고를 통해 사이트/랜딩 페이지로 유입된 유저가 광고주가 원하는 특정 행동을 취하는 것을 의미합니다. 학원을 예시로 한다면, 광고를 보고 상담 전화가 온다면 성공적이겠지요? 상담 문의를 '전환'으로 간주할 수 있습니다.

온라인 광고 숫자 지표

🔑 ROAS *(Return On Ad Spending)* : 투자 광고비 대비 매출 금액을 산출한 숫자입니다.

매출액/광고비×100%

예를 들어 페이스북 광고를 10만 원에 했습니다. 그런데 5만 원짜리 클래스 6명이 들어서 30만 원의 매출이 나왔습니다. 그러면 ROAS는 300%입니다.

보통 300%의 ROAS부터 순이익이 발생한다고 하는데, 이는 산업마다 다를 거에요.

🔑 CTR *(Click Through Rate)* : 노출당 클릭 수를 의미합니다. 즉 광고가 노출된 횟수 중 클릭을 통해 연결된 링크로 이동한 비율이에요.

❶ 결과	도달수	노출	결과당 비용
1,422 링크 클릭	15,862	27,938	₩162 링크 클릭당

노출 대비 클릭수 = 클릭수/노출수×100%

(1442/27,938)×100=5.16% 입니다.

🔑 CPC *(Cost Per Click)* : 광고 단가 산정 방식 중 하나로 '광고 1회 클릭당 드는 광고 비용'입니다.

보통 온라인 광고, 키워드 광고 등에서 많이 사용됩니다. '결과당 비용' 즉 CPC가 162원의 예시입니다.

229,734원/1422 = 162원

❶ 결과	도달수	노출	결과당 비용	지출 금액
1,422 링크 클릭	15,862	27,938	₩162 링크 클릭당	₩229,734

🔑 CPM *(Cost per mille)* : 1,000 번 노출당 과금되는 비용.

광고 단가 산정 방식 중 하나로 '광고가 1,000번 노출되었을 때 드는 광고 비용'을 말합니다.

보통 앱 내 광고, 배너 노출 광고 등에 많이 사용합니다.

에/필/로/그

"학원 마케팅 뭐부터 해야 할까요?"

이 질문에 대한 답을 찾으셨나요? 본 책 전반에 걸쳐 도지나 원장이 등장하고 있습니다. 도 원장은 제가 만난 여러 원장님들의 사례를 오버랩하여 만들어낸 가상의 인물입니다. 해피엔딩을 맞이한 도 원장의 이야기로 마무리가 되었다면 좋겠지만, 그녀의 고군분투는 아직도 현재 진행형입니다. 세상은 만만치 않거든요.

제 교육 말미에 항상 제가 안내하는 문구가 있습니다. 제가 만든 문구는 아니예요. 이미 여러분도 자주 본 문구입니다.

"아무것**도** 하**지** 않으면, 아무 일도 일어**나**지 않는다."

혹시 눈치 채셨나요? 도지나 원장의 이름은 이 문구에서 따온 이름이기도 합니다.

이 이야기도 다시 한 번 해드리고 싶습니다.

"사방팔방 막혔을 때가 바로 폭풍 성장할 때!"

이건 저 스스로 그래서노벰버라는 제 인생의 부캐를 만들며 경험한 것이기도 합니다. 막막하고 어찌할지 몰랐을 때, 나도 몰랐던 숨겨진 능력치가 올라오더라구요. 이야기 속 도지나 원장도 가장 막막할 때 그 절실함을 무기로 폭풍성장을 했습니다. 강해지기도 했구요.

이야기의 끝을 학원의 정상화 및 월 순수익 2천만 원 달성, 이런 것보다 도지나 원장의 성장에 방점을 찍은 이유이기도 합니다. 원장님의 역량이 쌓인다면 장미빛 결과는 따라오기 마련이니까요. 그래서 마지막 장에서는 그녀의 단단해진 모습을 보여드리고 싶었습니다. 이 책을 읽고 있는 원장님들로부터 제가 기대하는 모습이기도 합니다.

여러분 모두의 상황은 다 다를 거예요. 혹시 지금 혹독한 현재를 겪고 계신 원장님이라면 이 말씀도 드리고 싶습니다.

"아무리 어렵고 힘들어**도**, 이 또한 **지나**가리라!"

이 문구에도 도지나 원장의 이름이 등장합니다. 하지만 무작정 지나가기를 바라며 기다리지는 마세요. 내가 처한 상황에서 내가 컨트롤할 수 있는 변수를 찾아 방향을 잡고 나아가시면 됩니다. 이때 조급해 하는 것은 금물!

힘내세요. 다 잘될 겁니다. 그래서노벰버입니다.